史伝 せたかい紀行

東野 雅道

東京図書出版

史伝　せたかい紀行㊄目次

1　世田谷の故名……5
2　三軒茶屋の道標……17
3　聖徳太子のお堂……26
4　目青不動と元三大師と小田原の名君……34
5　常盤と白秋……45
6　東条吉良氏　一……53
7　東条吉良氏　二……61
8　世田谷新宿と繿縷市……72

9　世田谷代官屋敷……80
10　吉良氏ゆかりの寺社……87
11　世田谷城と幻の寺院……103
12　豪徳寺　一　～彦根三十五万石　井伊氏～……110
13　豪徳寺　二　～彦根藩家老　岡本黄石～……119
14　豪徳寺　三　～亀姫と井伊直弼～……129
15　松陰神社界隈……145
主要参考文献……168
あとがき……171

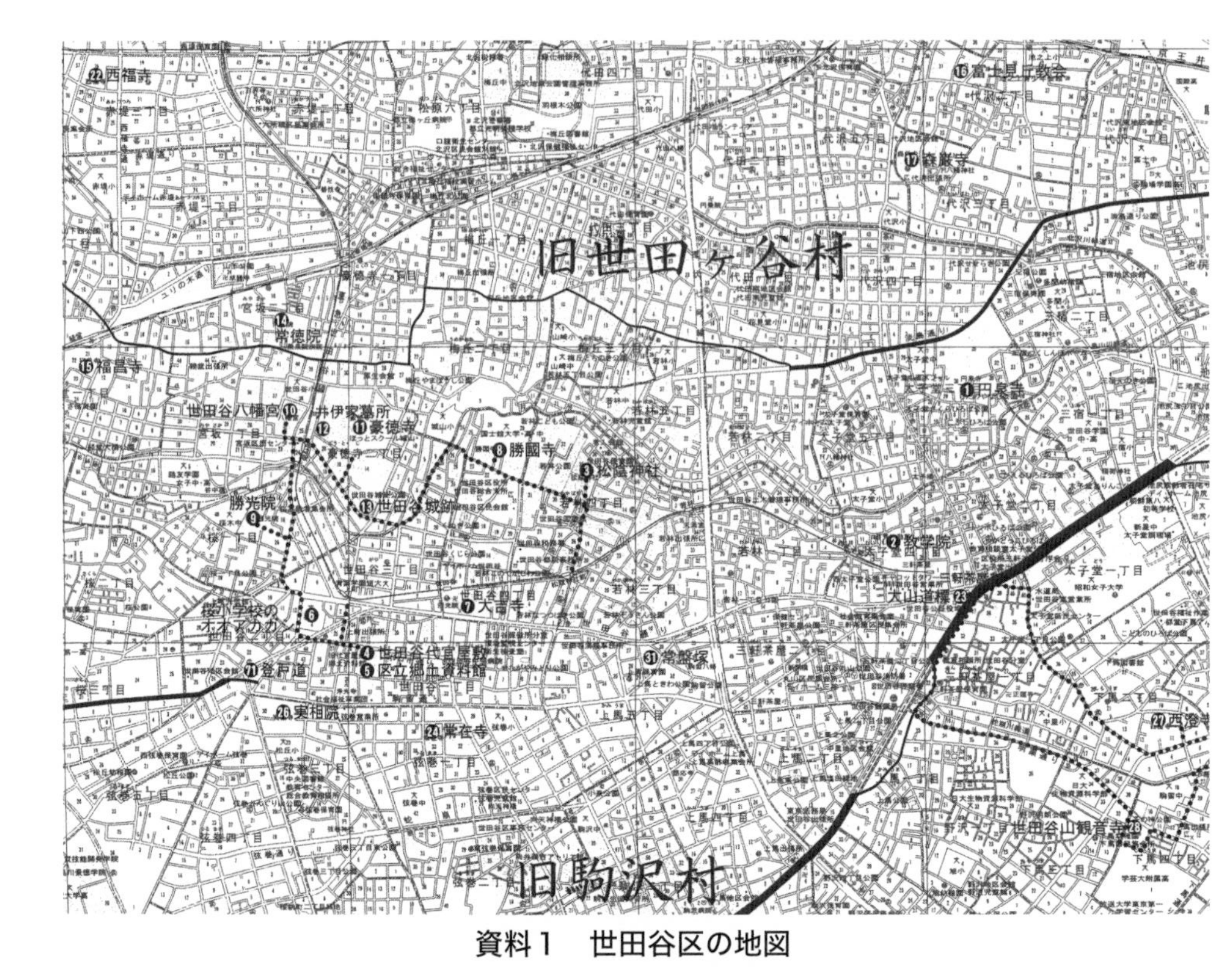

資料１　世田谷区の地図

「世田谷区歴史・文化財マップ」世田谷区教育委員会発行より

1 世田谷の故名

東京都世田谷。中世に「空より広き　武蔵野の原」と表現された武蔵野の南方、多摩川流域以東に展開するこの地域に、古来全国に名立たる旧所名跡や名産の類いはないように思われるが、現在の知名度は高いといえる。

二十一世紀の今日、世田谷という地名から連想される一般的な印象はどのようなものであろうか。概してそれは、全国的に知られた各界の著名人が多く住む高級住宅街というのが、主な印象かと思われる。但し、この印象が全世代に浸透するのは、昭和五十年代（1975〜）以降と歴史的にみれば新しく、それ以前の世田谷は全く異なる印象を人々に持たせていた。

今日持たれる印象の基層になった契機は、明治期以降の事で、都心から程近いこの地域には、近代に入り移住者が急増した。顕著な時期として、日清日露戦役後を端緒に関東大震災後、第二次大戦後、高度経済成長期等が挙げられ、今では約九十一万人といわれる人々の居住地になっている。この数値は、都内二十三区内で一番多く、他県の総人口に匹敵しあるいは凌駕する人口である。無論これは、全国規模での大都市への人口集住と地方の過疎化から考察すべき事で、世田谷区に限られた話ではないが、それにしても多くの人達が生活していると思わざるをえない。

これ程の人口を抱えるまでになった要因としては、都心から非常に近く、皇居（江戸城）まで約二里（八㎞）だった事、江戸期に江戸市中の市街化が及ばず、基幹産業が農業で耕作地が多かった事、都内二十三区内で二番目に広域である事等が挙げられる。

江戸期の市街化とは、明暦三年（１６５７）の大火で江戸市中の約六割が灰燼に帰した為、徳川幕府は江戸の都市計画を行った。その中で、大名屋敷については、それ迄の一大名一屋敷では、罹災し屋敷を失った場合、江戸在府中の諸大名が難儀する事から、上中下の三つの屋敷を設けさせ、大火の多かった江戸での火災対策とした。

一般的に上屋敷は、藩主が在所し、毎月の定例登城日等の利便性から江戸城付近に集中した。中屋敷は、隠居した元藩主や嗣子らが生活し、江戸城外濠付近に多くみられる。そして、下屋敷は上中屋敷が罹災した時の備え屋敷として建てられた為、実用として大名家一族が住む事が少なく、江戸城の郊外に造築される事が多かった。郊外の地は江戸市中とは異なり、人家が少なく土地も多大だった事から、広大な屋敷になるのが常だった。ただ、郊外とはいってもその西限は、現在の新宿、渋谷ぐらいまでで、大山道（矢倉沢往還）の通る渋谷には、紀州（現在の和歌山県）徳川家、野州（同栃木県）水野家、岸和田（同大阪府）岡部家、福岡（同福岡県）黒田家、但馬出石（いずし）（同兵庫県）仙石家等の下屋敷が点在するが、それより西方にはなく、この事は概略的にいって、江戸の市街化が及ばない事を示している。つまり、大名屋敷とは、藩主やその一族の高貴な人達から、家老等の上級家臣、中下級の家臣等が生活をする場であり、この多くの人達は、基本的に社会的生産活動に従事せず、衣食住の全ての面において消費者一辺倒であった。消費者たる武士階級の人達に、あらゆる物品を用立てるのが、商工業者であり、大量消費する武士階級に多くの商工業者が接触する事で、市街化がおこるのである。

これらの事を勘案するに、渋谷より西に位置する世田谷では、市街化とは無縁で、江戸期を通じて農村であり続けた。農村であった世田谷が変様するのが、近代の明治以降の事なのである。

明治期の日本は、二つの戦争を経験している。明治二十七年（１８９４）の日清戦争と明治三十七年（１９０４）の日露戦争である。これに前後し、軍備増強が国是となっていた明治二十四年（１８９１）、世田谷の池尻から目黒の駒場にかけて、騎兵第一大隊の兵営が設置され、明治三十年（１８９７）からは、世田谷の駒沢の地に数万坪の広大な練兵場をはじめとする兵営や陸軍病院などの軍事施設が続々と造設され、それらに従事する人達の住宅等が増えていき、店先に「陸軍御用」の看板を掲げた様々な業種の店が増え、明治四十年（１９０７）に玉川電鉄が渋谷から二子玉川まで開通すると、人や物資の流通が益々盛んになり、人口も増加し、商業圏も拡大した事から、世田谷では従来にない活況を呈したという。これらの事が、都市化の端緒になるのだが、活況を呈する地域は、まだ世田谷の一部といってよく、世田谷を俯瞰すると主として農村に変わりなく、当時の様子は明治四十年頃から、現在の蘆花恒春園（世田谷区粕谷(かすや)）を住まいとした徳冨蘆花の「みみずのたはこと」からも窺い知れる。

続く、大正期には大地震が起きる。大正十二年（１９２３）九月一日午前十一時五十八分頃に発生した関東大震災である。この未曾有の大災害は、建物の倒壊や路面の地辷(じすべり)、陥没等の所謂一次災害も甚大であったが、被害をより一層深刻なものにしたのは二次災害の火災であった。丁度、昼時で炊事の為に火器の使用頻度が高い時間帯に大地震が発生したのである。

当時の東京府の発表によると、死者、行方不明者、重軽傷者は合わせて約三百四十万人、家屋の全焼、倒壊や損傷は約七十万戸にのぼるという大災害であった。

この時の世田谷の被災状況は、人家や寺社、病院、学校などの建物の全半壊といった事はあったが、都心部にみられた火災はなかった様で、一説には一件も発生しなかったと伝えられている。結果的には、死者、行方不明者は八人、建物の全半壊は約二百戸という、都心部と比較すると奇跡的ともいえるものだった。

火災が発生しなかった事由として、農村だった事が主因としていわれている。九月の初旬といえば、農家では繁忙期に属し、昼時には田畑に出ている事が多く、自宅で昼食等の為に火器を使用する事はまず無い。さらに、農村の為、住宅街の様に家屋が密集する事も少なく、これらの事が被害を最低限ともいうべき状況で済んだ主たる要因と考えられている。

しかし、都心部の被害は壊滅的で、被災者の中には、以前と同じ場所で生活するのが、容易でない人達も少なくなかった。さらに、震災後の復興計画は、国策として着手され、道路網の整備と拡張、公園等の造設が含まれており、居住地域が震災前より減少した事も住宅難に輪をかけた。

こうした状況下で、都心部に居住していた人々の中には移住せざるをえない人達も多く、移住先には都心郊外が選ばれた。関東大震災前後の大正九年（１９２０）と同十四年（１９２５）の国勢調査によれば、世田谷区の人口は、三万九千九百五十二人から八万七千九百六十五人にほぼ倍増し、震災の影響による流入人口を如実に表している。ただ、人口が増えたとはいっても、現人口の約十分の一といった処で、この頃の世田谷には、中世から存在する田畑が多く残されていた。これらの田畑が、姿を消してゆくのは、主として昭和二十年（１９４５）以降である。

終戦間もない昭和二十年九月二日、日本は降伏文書に調印し、この後、昭和二十六年（１９５１）九月にサンフランシスコ平和条約が締結され、対外的に独立国と認められるまでの約七年の間、連合国軍総司令部、所謂ＧＨＱの占領下におかれた。ＧＨＱの主な施策は、日本の非軍事化、天皇主権から主権在民の民主主義の育成、それらに伴う様々な社会体制の変革等であった。この社会体制の民主化に関連し、農地改革つまり農地の開放が行われ、地主から土地を借りて農業に従事していた小作人と呼ばれる人達にも、自らの耕作地を所有する事が出来るようになった。農業従事者で、小作人の占める比率は高く、小作人が田畑を所有する事は、総体的に農地の細分化という状況を生みだした。農地の細分化の当初の目的は、主に小作人を対象にしたものだったが、戦後の復興期に地方から東京に移住する人達の宅地として、買収され易くするという側面をもち、人口の急増期を迎えるのである。国勢調査によれば、昭和二十年に二十七万六千四百五十八人だった人口は、十年後の同三十年（１９５５）には五十二万三千六百三十人に達し、ほぼ倍増した。

その後の高度経済成長期を迎えた世田谷区の宅地面積の比率は、昭和三十年の五十六％から、同四十一年（１９６６）には七十五％を占めるまでになった。農地の方は、それと反比例するかのように、同三十年の三十八％から同四十五年（１９７０）の十六％まで激減し、五年後の同五十年（１９７５）に初めて八十万人を超える人口になるのである。ただ、同五十年以降は、凡そ八十万人を上下する数値で推移し、令和四年（２０２２）七月の人口は、約九十一万人といわれている。

これらの事を鑑みるに、昭和五十年代中頃までは、世田谷に対する印象は世代間で異なり、戦後間もない頃より以前の世田谷を知っている年輩の方々は、世田谷というと都市ではなく農村を想起し、都心に出かける際には「東京に行く」と口にする事が珍しくなく、それ以降しか知らない若者は、農村を想起する事は皆無で、現在とほぼ似通った印象しか持たない事については、ごく自然に頷けるのではないかと思う。

何かの書物で、「都市は人間が造り、農村は神が造った」という主旨の文章を目にした事があるが、前述した近代以降の世田谷は正に前段にあたる。但し、世田谷には後段の「農村は神が造った」（この場合の神とは、自然そのものであったり、自然の恵みや自然との調和等と置き換えられると思う）という頃、つまり近代以前のものも少なからず存続している。

今回、世田谷を旅するについては、大山道（矢倉沢往還）と近代以前のものを中心に散策しようと考えた。散策にあたり、様々な史料や先人の方々の著作を拝読したが、その中で多少驚いたのは、行政区名としての「世田谷」の表記が意外に新しく、昭和七年（１９３２）十月一日からの事で、それ以前の明治二十二年（１８８９）から昭和七年九月三十日までは、「世田ヶ谷」が正式表記であり、さらに遡った中世には、「せたかい」と発音されていた事だった。

時系列的に記すと凡そ次の様になる。

①永和二年（１３７６）〝武蔵国世田谷郷〟
　吉良治家　鶴ヶ岡八幡宮文書
　　※世田谷の初見とされる

②天文二年（１５３３）〝せたかい村〟
　那智大社御師実報院証文

③天文二十年（1551）〝世田谷郷之内ととろき村〟
吉良頼康判物　大平家文書

④天文二十一年（1552）〝世田谷之内満願寺〟
吉良頼康書状　満願寺文書

⑤天正十八年（1590）三月〝世田ヶ谷領〟
小田原北条氏印判　日枝神社文書

⑥⑤と同年四月〝せたかいの郷十二ヶ村〟
豊臣秀吉禁制　大場家文書

⑦寛政六年（1794）から天保七年（1836）〝世田谷〟
公私世田谷年代記　大場弥十郎

⑧文政十一年（1828）〝世田ヶ谷〟
新編武蔵国風土記

⑨明治二十二年から昭和七年　〝世田ヶ谷〟

⑩昭和七年から現在　〝世田谷〟

①の郷とは、概説的にいえば大宝律令（701）下での行政区画で、今日のそれに比定すると県と国、市と郡、区と郷、町は村とか里といった具合であろう。ただ、平安初期の良質な史料として著名な「和名類聚抄（わみょうるいじゅしょう）」（延喜式〈927〉と同時期の承平元年〈931〉頃の編纂といわれる国内最初の分類漢和辞書、以下和名抄）には、武蔵国（現在の東京都と埼玉県と神奈川県の一部）内の二十一郡の中に〝世田谷郷〟の名はみられない。残念な事に、①の室町初期に和名抄と同質の史料が無い為、既成の郷名が何らかの理由で変容し成立したか、或いは新たに成立した世田谷郷については、推論的考察を要すると思う。

平安期から江戸期にかけての日本は、新田開発に絶える事なく勤しんだ。というより、稲作農耕が伝播した弥生時代（紀元前四世紀頃から紀元三世紀頃）からといってよく、中国大陸から朝鮮半島を経由し、田畑を耕す農工具や鉄器等の製造技術、灌漑用水、人工溜池等の土木技術が、絶えず向上し日本に伝来した。

稲作農耕は、西日本から東方に広まり、食糧の確保という点で、人々の生活を潤し安定させ、人口は増加していった。増加した人口は、広域的に拡散し、新たな集落が生まれ、このような事を繰り返し、日本全土に人々が住み着くのである。恐らく、〝世田谷郷〟はこの増加過程の中で、成立したと思われる。

因みに時代区分の冠となる〝江戸〟は、弘長元年（１２６１）の関興寺文書にある〝武蔵国豊島郡江戸之内前嶋村〟というのが史料初見で、弘安四年（１２８１）の深江文書には、〝江戸郷柴崎村〟とみえる。関興寺文書の場合、〝江戸〟の前後に〝国〟と〝郡〟、〝村〟がある為、〝之内〟は〝郷〟と同義語とされている。そして、〝江戸郷〟も和名抄には記載がない。つまり、〝江戸郷〟は鎌倉期、〝世田谷郷〟はそれに続く室町初期、共に中世には成立していた〝郷〟との推論も可能なのである。

さて、和名抄を見ていると、世田谷と関係しそうな地名として、〝多摩郡勢田郷〟が目に留まった。〝多摩郡〟の中には、〝狛江郷〟（世田谷区に隣接する東京都狛江市と推定される）の名もみえる。浅学な私でも、〝多摩〟は多摩川流域、〝勢田〟（勢多、瀬多）は、多摩川の流れが速く、しかも浅瀬である為に、勢いよく細波立つ多くの瀬々らぎが川面に浮かぶ風景が、容易に想像される。徐に、世田谷区の地図を広げて、地名に目を凝らしていると、田園都市線の二子玉川駅近辺に〝瀬田〟を見つけた。さらに、この付近に戦国期の永禄年間（１５５８〜１５７０）頃の築城といわれる瀬田城が確認されており、もしかすると、この周辺が、〝勢田〟という郷名由来の核をなした一地域かもしれない。

世田谷の地名由来について、色々な関係書籍を読んだが、諸説ありその数は少なくない。事由として、〝勢田〟を世田谷の〝世田〟と関連づけ、さらに〝勢田〟が〝瀬田〟や〝勢多〟等に変記する事や②や⑥から〝せたかい〟と発音されていた事に対応、関連づけようとする為に説が多いのである。

主な説を挙げると、

⑴　アイヌ語説：“seta”はやち桜、“kaya”は高台で桜のある高台。
⑵　アイヌ語説：上野国（現在の群馬県）勢田郡と同義説で〝セタ〟は犬、アイヌが犬を連れて住んだ所。
⑶　南洋モン・クメール語説：〝セ〟は末端（ハシ）、地形がくびれ両端が極端に狭い所。瀬戸、背戸等と同意義。
⑷　多摩川浅瀬説：前述した内容で、多摩川の浅瀬に出来る瀬々らぎに由来する説。
⑸　伊勢神宮神田説：古来、この地域は伊勢神宮の貢田があり、伊勢宮も多い事から、伊勢神宮神田の〝勢〟と〝田〟を取って、〝勢田〟になったとする説。
⑹　⑶を発展させた説で、〝瀬戸〟は一般的に狭い海峡をさす事が多いが、海のない内陸地にも多くみられ、緩坂が多く意外に丘と谷が入り交じる世田谷の地形と相俟って、瀬戸が訛って瀬田となり、谷等の低地を〝かい（ヶ谷）〟として、やがて〝世田ヶ谷〟になったとする説。

といった具合で、これらの説群の中で、突出し広く喧伝されているものは、ないようである。私が思うに、和名抄に〝多摩郡勢田郷〟と記されている事から、やはり⑷の説は有力で、〝勢田〟の表記が〝瀬多〟であったならば尚の事と思うが、〝瀬戸〟が訛って〝勢田（瀬田、瀬多、世田等）〟となり、〝ヶ谷〟は発音が〝かい〟とされていた事から〝峡（かい）〟、直訳的に述べれば山間の低地の事だが、これが変容して〝ヶ谷〟となったとする⑹の説も興味深い。

因みに〝峡〟は、山梨県の旧分国名である〝甲斐〟の代表的な説の一つである。甲斐の場合、高い峰々に囲まれ、首邑である甲府は、その只中の盆地にあり、東西南北のどの街道も〝峡〟、つまり、山間の低地と関わりがある為、得心する度合いも高いのだが、世田谷の場合、このような説はないように思われる。知見されている史料から、無理に断定する必要はないし、した処で意味があるとも思えない。

地名の由来は、興味を惹かれる対象ではあるが、地形や地域的役割、人為的故事や神話、伝承、果ては当て字の類い等が繁雑に錯綜する場合があり、元来難儀する事が少なくない。

2　三軒茶屋の道標

三軒茶屋には、東急電鉄の田園都市線と世田谷線が通り、飲食業から日用品等の多種多様な店々が建ち並び、加えて大手スーパーもあり人の往来は多い。が、喧騒というより雑踏という風で、私は好きである。

三軒茶屋の交差点には、三つの通りが交わっている。玉川通り（国道２４６号）を横一線の底辺に置くとすると、略、直角に茶沢通りが上方に延伸し、左三十度ぐらいであろうか、その辺りが、世田谷通りの起点になっている。その世田谷通りと玉川通りの三角洲の突端ともいうべき所、つまり、雑踏の只中に道標が建っている。

道標は石塔であり、塔の中程には深々とした大字で〝大山道〟と彫られており、充分に人目をひくのである。上部には、不動明王が座し、左右の手に羂索（けんさく）と三鈷剣（さんこけん）を持ち、条帛（じょうはく）を身に纏い、眉をつりあげ、目を剥き、口からは牙を出すという忿怒（ふんぬ）の形相で左右の足を下と上にして組み、後背からの火焔光背（かえんこうはい）で身を包むという出で立ちで、長い星霜の風塵からか全体がやや黒ずんでいる事も相俟って、中々の威容である。特に、火焔光背（火炎を表現している）の反りが深く、背中から頭上あたりまで伸張しているせいか、全体として静止というより動止といった風で躍動を感じさせ、塔中の〝大山道〟の大字と同様、或いはそれ以上に目をひくのである。

不動明王と大山道の終点である相模国大山（現在の神奈川県伊勢原市）の阿夫利神社には、無論関わりがある。そもそも不動明王は、仏性が排他的でなく宗派の偏りがない為、古来、東国（主として現在の関東地方）では広く信仰され、江戸期に入り益々盛んになったといわれるが、まずはこの道標であろう。

二十一世紀の現在、この道標を見て、道先案内を請う人はまずあるまい。いわば、道標の役割は疾うに終えているのだが、新たに歴史的遺跡という役割を担い、コンクリートで固められた雑踏の只中で、江戸期と殆ど変わらない場所に建っているについては、感慨を持たずにはいられなかった。傍の案内板には、寛延二年（１７４９）に建立され、文化（１８０４～１８１８）・文政（１８１８～１８３０）年間に新道が開通した為に再建されたとある。新道とは、現在の玉川通り、旧道は世田谷通りの事で、そもそも大山道（矢倉沢往還）とは、江戸城赤坂御門を始点とし、青山、渋谷、三軒茶屋を経て二子渡し（現在の二子玉川）で多摩川を越え、溝口、荏田、長津田、下鶴間、厚木、そして伊勢原から大山阿夫利神社に至り、それより西側は、秦野、松田、矢倉沢、足柄の関所、富士山麓の駿河国大宮（現在の静岡県富士宮市）、さらに駿河国吉原宿（同富士市）で、東海道と合流する脇往還であった。

脇往還とは、脇街道ともいう。有名な江戸期の五街道は、三百諸藩といわれた諸大名の参勤交代等で使われたように、徳川幕府の国策道ともいうべきもので、主街道と呼ばれたのに対し、脇街道は地方間のみで使われる主要道という位置づけで、五街道と接続しているものも少なくなかった。大山道（矢倉沢往還）の場合は、東海道と接続していた訳だが、厳密に述べると、大山道として代表的な道が矢倉沢往還という事で、それ以外に七つの大山道が確認できるという。その道々は、大山阿夫利神社を起点として、四方に延びていた訳で、それは大山信仰が庶民に深く浸透していた証左でもある。

そして、神道の大山阿夫利神社と仏教の不動明王についてだが、その前段として、神道と仏教の習合について、概略的に述べてみたいと思う。

一般的に、日本人の宗教観は、南方、北方文化の混淆といわれている。南方とは、インドネシア方面、北方は、シベリア方面のことで、あるいは、朝鮮半島（既に南北の文化が混淆した形態）から伝来したとも考えられている。南方文化の特徴としては、太陽信仰、母系制、稲作等で、北方文化のそれは、天上信仰、父系制、狩猟等が挙げられ、これらの諸文化は、上代に朝廷に献上された記紀（古事記、日本書紀）から今日にまで残影がみられる。

北方文化の天上信仰とは、東西南北と天という五の数値を基盤とし、特に天を信仰の対象にしていた。そして、天上神は、時として〝天降り〟、その降下場所が山、杜（もり）、大樹、大小の岩（磐座（いわくら））等とされ、神聖視されるのである。

余談ではあるが、この〝天降り〟が、現代の国会や新聞報道等で取り挙げられる〝天下り〟の原意なのである。

さて、天降りの場所として、山それ自体を信仰の対象としている形態は、今日でも神道、仏教を問わずして、広域にみられるが、太古の時分においては、原始神道ともいえる宗教的範疇であった。よく我が国最古の神社と形容される大和（現在の奈良県）大神神社を訪ねた事がある。社殿として、拝殿は存在するが、通常、他の神社でみられる御神体を安置する本殿は存在しない。なぜなら、後方に聳える三輪山そのものが御神体だからで、少し距離を置いて、三輪山を遠望すれば、独立山稜のため、なだらかで優美な山容がよくわかり、〝天降り〟の場所に相応しいと実感した。尚、三輪山山中には、注連縄や石柱が廻らされた磐座があり、これも信仰の対象になっている。大神神社の信仰形態は、日本に〝神道〟とか〝神社〟という言葉がなかった頃より存在していた訳で、この事は、現在のように神道が成立する中で、間違いなく主要な一基層になったと想到せざるをえない。

時代を降ると、この〝天降り〟の信仰対象である山に、仏教の山岳修行が加わり、いわば、神山霊威を身に付けようと修行した。特に密教の僧に多く験者と呼ばれた。そして、密教は仏教とヒンズー教が習合して成立した経過を持つ為か、日本伝来後には、神道と習合するのである。

密教の主尊は大日如来であるが、不動明王はその使い又は、輪身（化身）とされ、実景としてその主座を占めたのである。

標高一二五一・七mの山容を誇り、江戸期には、浮世絵の題材にもなった秀峰大山は、延喜式に相模国十三社の一つとして記載されている古社である。

大山周辺地域は、雨量が多い。相模湾から湿気を含んだ大気が、風に運ばれ大山にあたり、上空で雨雲となって、雨を降らすのである。大山には、雨降(あめふり)山という別称もある。雨量が多いという気象は、周辺河川の水源であり、河川が東南の相模平野を潤し海に注ぐ過程で、人間の農耕や動植物に無限的な恵みを、与え続けていたと想像させる。

大山信仰の始源は、伝承によると山頂にある大きな岩を御神体とし、その岩が濡れていれば雨が降る事から、近隣の農耕従事者達の〝雨乞神〟だったらしい。ただ、付近からは、弥生時代前の加曾利B式土器等が出土している事から、縄文後期中葉には、大山で祭祀が行われていたと考えられている。そして、御神体とされている大きな岩は、恐らく、前述した北方文化の天上信仰でいう〝天降り〟の場で、大神神社の磐座にあたると思われ、ここにも原始神道ともいえる信仰形態がみられるのである。

大山に仏教が伝わるのは奈良期といわれ、天平勝宝年間（749〜757）に大和東大寺の良弁(ろうべん)が入山し、おそらくは神宮寺として、大山寺が創建された。一説には、役行者(えんのぎょうじゃ)が入山したという伝説もある。

平安末期の元暦元年（１１８４）には、後に鎌倉幕府初代将軍となる源頼朝から寺領を保護され、鎌倉期の初年とされる建久三年（１１９２）には、妻である北条政子の安産祈願を依頼し、その際に神馬を奉納している。武家の棟梁たる源頼朝の大山に対する信心ぶりは、当時から大山がよく知られた存在であった事を物語っている。

大山は、鎌倉期中頃に衰退期を迎えるが、文永年間（１２６４〜１２７５）に、当時密教僧として名のあった京の泉涌寺の願行（がんぎょう）によって再興され、その時に奉納されたのが、現存し大山寺の本尊である鉄製の不動明王である。

この様に、信仰の対象としての山と密教の不動明王との神仏習合は、時代を経るにつれ強く結びついていった。三軒茶屋の道標にも、その結びつきが如実に顕れていたのである。

室町期の大山は、足利氏や小田原北条氏等から庇護を受け隆盛を極め、戦国末期には、比叡山延暦寺や鞍馬寺、紀州（現在の和歌山県）根来寺等と同じく、自衛の為として武装集団化した僧兵を持つまでになるが、他の寺院のように強大なものではなかったらしい。なぜなら、例えば、根来寺の様に、時の権力者である豊臣秀吉に敵対し、最後には武力征圧されるという戦歴が大山にはないのである。

江戸幕府が開府して間もない慶長十年（１６０５）に、初代将軍となった徳川家康は大山に対して、僧兵でもある験者達の強制下山を命じた。この時も主立った武力蜂起は、なかったと云われている。山を降りた験者達は、大山山麓に居を構え、やがて御師（おし）になった。御師とは、自らが信仰する寺社（御神体としての山も含まれる）の布教活動を行い、信徒を増やし、信徒達に寺社の参拝を奨励する人のことをいう。大山の御師の布教活動は、農閑期に行われ、主に関東一円の農村を担当地区毎に廻り、信徒を増やしていった。信徒になった人達は、主に村単位で講（こう）を組織し、大山参詣の費用を積み立て、夏の参詣時期の二十日間（旧暦六月二十七日〜七月十七日）に、講の代表者（くじ引きで選出される事もあった）が御師の家に宿泊し、御師の案内を受けながら、大山詣りに赴いた。

〝講〟は、大山だけの組織ではなく、富士山（浅間（せんげん）神社）や伊勢神宮等があり、それぞれ、富士講、伊勢講と呼ばれ、講自体の仕組みは、大山と基本的に同じであり、講の代表者が赴く事から、〝代参〟ともいわれていた。

大山信仰は、江戸中期頃に爆発的な流行期を迎える。宝暦年間（1751〜1764）には、数十万人が大山に参詣したと云われ、参拝者には江戸の町民が多かったようである。

最盛期に百万人といわれる当時世界一の人口都市となった江戸では、人家が密集していた事もあって火災が大火になる事が多かった。そこで、太古の大山信仰の原態と考えられる〝雨乞神〟（別称の雨降山）の要素が、〝火消し〟の雨に転化し、やがて、火伏せ信仰の対象となり、一種の魔除けとして広く流布し、大山詣りが江戸町民の間で盛んになったといわれている。

大山詣りの流行期の事例は、枚挙に遑が無い。前記した様に浮世絵の題材になったり、落語の古典に「大山詣り」という噺（はなし）もある。この時分の書物には、江戸庶民の代表的な遊山の場所として、大山と成田山が挙げられている。

信仰の霊峰として、大山の神威や御利益が挙げられるのではなく、遊山（山野に遊びに出る事）の場として登場するについては、勿論、理由がある。

これは、大山に限った事ではなく、全般的に、江戸初期から中期頃までの寺社参詣というのは、宗教心の根本である信心が主たる動機だった。徳川幕府が成立し、諸制度が徐々に確立されていく中で、一般庶民の生活は未だ流動的で不安定な要素が多く、この不安が神仏に縋るという思考に結びついた。

江戸中期以降になると、幕府の諸制度は確立され、徳川の世は益々安泰となり、江戸を始め、京や大坂の人口は増え、さらに、貨幣経済の浸透も伴って、広域的な商業圏が形成されるに及び、庶民の生活も安定し経済的にも多少のゆとりが出来るようになるのである。これは、江戸中期以前の寺社参詣の主たる動機である生活不安が、徐々に薄れる事を意味し、同時に〝神仏に縋る〟という思考も薄れさせ、寺社参詣の〝救済〟の旅は、〝行楽〟の旅に様変わりし、遊山の場として、大山等の寺社が紹介されるのである。

この頃の大山参詣者の多くは、帰路に藤沢宿（現在の神奈川県藤沢市）等から、東海道に入り、江ノ島や鎌倉等に出向き物見遊山を楽しんだという。ただ、大山参詣者の多くは、この時分に於いても中低所得者層が中心だったらしい事が、「続江戸砂子」という書にみえる。この書には、当時、江戸近辺から大山詣りに行く人は、浅草川（現在の隅田川）で水垢離（みずごり）をとる習慣があったが、それを見ていた人が、「此事中人以下のわざにしても以上の人はなし」と、述べた件がある。「中人以下のわざ」とは、中間所得者層以下の人達を指し、その人達だけが大山詣りの為に、隅田川で水垢離をとるといっている。さらに、「以上の人はなし」とは、高所得者層の人達はその様な事はしないと付け加えているのである。

　考えてみると、江戸初期に験者から御師になった人達の布教活動により、大山信仰が広まったと述べたが、主な活動の場は農村であった。その後、雨乞神が火伏せ信仰に転化し、その御利益に与ろうとしたのも江戸の庶民で、江戸期の大山詣りは、いわば、草莽市井の人達を中心に広まった事を想起し、同時に、この人達は、富裕層には属さなかったであろうと推量される。何も中低所得者の参詣者が多かったのは、大山に限った事ではないと思うのだが、それらの人々が、殷賑を極めた江戸期の大山信仰の中核をなし、大多数を占めていたについては、大山の重要な特性の一つであると共に、当時の〝遊山〟（現代でいう行楽や娯楽）については、今日の視点で想起するそれと多少異なるのではと思った。

　因みに、当時の「以上の人」達の出向く先は、伊勢神宮や讃岐国金刀比羅宮（現在の香川県）、安芸国厳島神社（同広島県）等まで足を延ばした。今日の様に、交通機関が整備されていなかった江戸期では、一月（ひとつき）を超える旅路だったという。通常の大山詣りが三泊四日程だった事を考え併せると、まさに、「以上の人」達ならではの旅といえよう。

3 聖徳太子のお堂

三軒茶屋の交差点から始まる茶沢通りは、スプーンの先のような緩坂を成している。通りの両脇には、様々な業種の店々が軒を連ね、道ゆく人が吸い込まれていく。その店々の軒が終わる辺りの右側の路肩に、二mぐらいの石柱があり、堂々とした書体で「聖徳太子参道」と刻まれている。そこから、進路を右にとり、住宅街を歩いてゆく。電柱の住所表記には、「太子堂町」とある。暫くすると、目印の様で枯れ木のようにも見える高い槻が見え、近づくと傍らには林芙美子旧居跡の案内板があり、それは指呼の距離であった。

この地点は、山内に太子堂を有する円泉寺の前方右隅に位置し、槻が入口を挟んで五、六本等間隔に並んでいる。どの木も大きい。山内に足を踏み入れると、それまで以上に大きく、四方に枝を伸ばし、急角度で視線を上げなければならない槻が、本堂左手に立っていた。大正期だったかの古写真で見た、本堂の茅葺きの屋根は瓦に変わっていた。

本堂の周囲は墓石が建ち並び、緩丘の低地に立地している為、後方の高台にある住宅やマンションが、低い位置から順に頂付近の家屋まで見渡せ、低地だが見晴らしはいい。

山内を見渡すと、本堂右側の壇上にお目当ての〝聖徳太子のお堂〟、即ち、太子堂を見つけた。太子堂は、宝形造で造営されており、正面右上の太子堂（円泉寺）の縁起略記や他面に掲げられた「工匠祖神」の奉納扁額に目が留まる。お堂の右側には、少年期の聖徳太子の銅像もある。

縁起略記によると、文禄元年（１５９２）に大和国久米寺の賢恵僧都が、聖徳太子像と十一面観世音菩薩像を携え、関東に下向したという。あくまでも伝承だが、聖徳太子像は弘仁九年（８１８）の疫病流行時に、疫病退散を願った弘法大師によって作られたといい、十一面観世音菩薩像は、運慶作と云われている。

その後、文禄四年（１５９５）に泉が湧き円泉ヶ丘と呼ばれたこの地に逗留した賢恵僧都は、ある夜、聖徳太子の夢を見る。その中で太子は、

「この地に霊地があり、名を円泉ヶ丘という。常に霊泉が湧くので、ここに永住する。あなたも共に留まるように」

という旨を告げたという。

賢恵僧都は、この地に寺院造営を発願し、翌文禄五年には、本堂や庫裡、太子堂等の堂宇が落成し、太子堂に聖徳太子像、本堂には本尊として十一面観世音菩薩像が安置された。

ただ、円泉寺の場合、本尊の十一面観世音菩薩像より、聖徳太子像を頂く太子堂が特に有名

で、円泉ヶ丘という地名が太子堂町に変わっている事からも窺える。

改めて、本堂後方の緩丘に建ち並ぶ住宅街を眺めながら、近世間近の織豊期、円泉寺が落成した頃の風景を想像してみた。恐らくというか、ほぼ間違いなく、眼前に広がる住居群は、一面樹林に覆われた森であったろうと思われ、一旦、雨が降れば、雨水が樹草を潤し、丘下に流れる小川や地下水になったに相違なく、現在は枯渇したといわれる聖徳太子の夢に出てくる泉も、落成時分には実在したと思えてくるのである。そして、保水機能の役割を持つ森を失った約四百年後の今日、自然の理の内に泉もまた姿を消したのである。

ところで、この円泉寺の太子堂は、全国規模でみられる太子信仰の一例である。


太子信仰は、無論、上方から興った。

日本書紀には、聖徳太子が飛鳥時代（六世紀末から七世紀前半）の推古朝（593～628）の時分に、摂政皇太子として政事（まつりごと）を司り、冠位十二階や憲法十七条の制定、遣隋使派遣等の事績が述べられ、つとに知られている。

又、太子は、国家宗教として神道が、その地位にあった時代に、幼年期より仏教に深く帰依し、神道に属する天孫族、特に物部氏とは鋭く対立し、宗教的政争から武力衝突にまで発展した。この時、十四歳だった太子は、蘇我氏と共に物部氏を滅ぼしたと伝えられる。

そして、推古朝二年（594）の二十歳の時に、「三宝興隆の詔」（三宝とは、仏法僧の事）

を発し、国家的宗教となる仏教の礎を築く事になる。

私は、日本書紀の推古朝二十一年（６１３）に「難波より京（みやこ）（この時は飛鳥）に至る大道を置く」と記された日本最初の官道（今風にいえば国道）といわれる竹内街道を歩いた事がある。奈良県側の近鉄磐城駅から、長尾、竹内の集落を抜け、二上山と岩橋山の間にある標高二八九ｍの大和国と河内国（現在の大阪府）の国境であった竹内峠を越え、聖徳太子御廟がある叡福寺等を訪ねた。道中には、いかにも数代、いや、数十代は続いていると思わせる大和造の民家群や貞享元年（１６８４）、「野ざらし紀行」の旅路で立ち寄った松尾芭蕉ゆかりの綿弓（わたゆみ）塚等がある。そして、延々と続く登りの峠坂をゆくと竹内峠に到達する。峠の眺望は素晴らしく、後方には大和盆地、前方には河内盆地とその遥か彼方に大阪湾が遠望出来、内陸である盆地と海に連なる沖積平野が交互に見渡せる場所なのである。

峠を下った叡福寺周辺には、敏達（びだつ）、用明（太子の父）、推古、孝徳の各天皇陵や遣隋使の小野妹子の墓等を含み、〝王陵の谷〟とも呼ばれる磯長谷（しながだに）古墳群や河内源氏の祖とされる源頼信、前九年の役（１０５１〜１０６２）で武名を馳せた源頼義、後三年の役（１０８３〜１０８７）で活躍し武家の棟梁とまでいわれた源義家らの源氏三代の墓と氏神である壷井八幡宮が鎮座していた。

私は、登場する人物名に圧倒され、日本最古の官道といわれる竹内街道の歴史的な重層を感じずにはいられなかった。

そして、叡福寺である。入口にあたる南大門を見上げながら石段を上がると、神社にある斎庭(ゆにわ)のような白砂利の空間があり、その先に二天門、さらに奥には、聖徳太子の御廟が直線上に配置され、他の寺院では本堂に該当する場所に太子廟は位置していた。印象深い事として、太子廟が宮内省の管轄であり、廟内には太子の他に、母の穴穂部間人皇后(あなほべのはしひとこうごう)と妃である膳部菩岐々美郎女(かしわでのほききみのいらつめ)の三人の棺が納められている為、別称として三骨一廟と呼ばれている等少なくなかったが、域内に弘法大師堂（真言宗開祖空海）や見真大師堂（浄土真宗開祖親鸞）、日蓮（日蓮宗開祖）の碑があった事も挙げられる。この寺の宗派は、一体何宗なのかと気になり、後日、調べてみると「単立」とあった事を思い起こす。

単立とは、宗派に属さない独立寺院の事で、無宗派ともいえると思う。他では、信濃国（現在の長野県）善光寺もそうで、確か善光寺には、太子堂があったと記憶している。但し、叡福寺の場合、江戸期までは真言宗に属し、単立になるのは明治期に入ってからの事で、空海や親鸞らのお堂は、その時分の建物である。改めて、叡福寺について調べてみると、仏教の巨星群ともいうべき、各宗派の開祖といわれる高僧達と深い関わりがある事に気づかされる。

天台宗　・最澄：太子の玄孫（孫の孫）と称した太子信奉者

真言宗　・空海：弘仁年間（８１０～８２４）に叡福寺参籠

浄土真宗・親鸞：建久二年（1191）に叡福寺参籠
日蓮宗　・日蓮：宝治二年（1248）～建長三年（1251）の頃と思われるが、叡福寺に七日間参籠したと伝えられる
時宗　　・一遍：弘安九年（1286）に叡福寺参籠

各宗派内では、開祖だけでなく、以降の門徒達にも太子信仰は存続してゆくのである。又、日本最初の官寺といわれる難波（現在の大阪府大阪市）四天王寺にも、多くの高僧や名僧が参籠した。この寺は、八宗兼学（八宗とは奈良期には、成立していたと思われる南都六宗の倶舎宗、三論宗、成実宗、律宗、法相宗、華厳宗と平安期の天台宗、真言宗を指している。それ以降の鎌倉仏教等は大体、天台宗を母体にしている）の寺と呼ばれるが、建立したのが太子と伝えられる為、太子の日本仏教界での地位的なものは、もはや、各宗派の源といった感がある。

後世の太子信仰の土壌は、前述した太子の事績が母体となり、次第に尊崇されるようになったと思われる。例えば、太子没後（推古朝二十九年〈621〉か三十年〈622〉といわれる）の法隆寺（太子の居住域に造営され、太子が創建したと伝わる）の天智朝九年（670）の焼失と和銅四年（711）に再建されたという、復興された事自体とその期間の短さ、そして、再建後にもかかわらず世界最古の木造建築物として、世界文化遺産に登録された保存意識

の高さにも表れている様に思われる。尚、最近の実地研究では、現存する法隆寺金堂の造営年代は、天智朝七年（668）とする説も出ている。

ともかくも、太子の追慕の念は、没後約百年を経過した奈良期に入ると、尊崇、伝説の色合いを益々濃くしていく。日本書紀（720）には、太子の事績として、憲法十七条や冠位十二階の制定、寺院の建立と共に、よく知られた十人の話を同時に聞き、諸事対応したという事実とは思えない説話がみえる。

平安初期には成立していたと考えられる「聖徳太子伝暦」では、甲斐の黒駒で天空を駆り、眉間から光を放ち、はては予知能力を発揮するという仏教というより、記紀神話を彷彿とさせる内容になっている。「聖徳太子伝暦」は、当時の人々に事実として受け取られ、当初は貴族を中心に広まり、仏教各宗派のそれまでの太子信仰に加味され、やがて、鎌倉仏教の興隆と共に一般民衆にも広まり、定着していくのである。


太子信仰と東国の関係では、鎌倉仏教の一つである浄土真宗の開祖、親鸞を挙げる事が出来ると思う。親鸞は、太子開基と伝わり京のヘソに位置するといわれる頂法寺（通称六角堂）で、太子の霊夢を見、太子信奉者になったと云われる。霊夢の影響は大きく、親鸞は、太子尊崇の和讃を多く詠み、浄土真宗の布教に努めた。特に、越後国（現在の新潟県）配流後の建保二年（1214）から約二十年間、関東に在所した事は、関東に於ける浄土真宗と太子信仰の流入期といえ、私は世田谷の太子堂もこれに類するのでは、との先入観を持っていたが、前述のように流入期を異にし、親鸞の頃より約四百年後の事だったと知って、多少の意外さを感じた。

又、太子関係の書物を読んでいると、太子信仰の一側面として、太子が多くの寺院を建立した事から、現在でも大工や左官、材木商等の建設業者の人達から信仰の対象とされている事を知った。世田谷の太子堂の場合、都内の左官代表者の会合や世田谷第一建築組合の講があり、先に述べた「工匠祖神」の扁額は、その関係者から奉納されたものだった。

4 目青不動と元三大師と小田原の名君

太子堂から来た道を戻ってくると、右手にキャロットタワーが見えてくる。このビルは、地上二十六階の大きな建物で、二十六階にある展望階からは、天候に恵まれさえすれば、左手より、横浜のランドマークタワーや羽田空港を発着する航空機、その後方には水平線をなす東京湾が見え、視線を右に移すと、前掲した秀峰大山が連なる丹沢山地、そして、さらに奥に日本一の山、富士山が遠望出来る。

キャロットタワーは、文化、生活、商業等の複合施設でもあり、加えて、世田谷線三軒茶屋駅も併設され、近隣住民に広く親しまれており、現代の三軒茶屋を象徴する建物といえ、初章で述べた「都市は人間が造り」云々の最たるものの一つだといえる。

そのキャロットタワーの足元、三軒茶屋駅間近の踏切の前に寺院があり、入口の左右の石柱には、それぞれ、「目青不動尊」、「天台宗教学院」とある。

この寺は、江戸期の五色不動の一つとして有名である。五色とは、目黒、目白、目赤、目黄と教学院の目青を合わせた数で、目黒や目白は地名としても残り、よく知られている。寺伝によれば、慶長九年（１６０４）に玄応大和尚を開基として、江戸城内の紅葉山に創建されたと云う。その後、赤坂、青山と移転したが、明治四十一年（1908）に当地に移り現在に至っている。因みに、現在当寺にある目青不動は、本来は麻布にあった観行寺の本尊であったが、観行寺が廃寺となった為、明治十五年（1882）、当時青山にあった教学院に移されたと云われているから、江戸期を通じて、教学院は目青不動とは無縁だったという事になる。

入口から山内に歩を進めると、正面前方にお堂があり、中には、青い目をした不動明王が、やはり忿怒の形相で座している。お堂には、左から「元三大師」、「不動明王」、「閻魔殿」の三つの扁額が掲げられている。私は「元三大師」の扁額に目を留め、比叡山に行った小雪舞う日の事を思い出した。

その日はまず、近江国（現在の滋賀県）坂本に立ち寄り、滋賀院門跡や慈眼堂、山王権現日吉（ひよし）大社等を見てまわった。中でも、日吉大社は古社として著名だが、その古社から明治期の廃仏毀釈が始まったと知って驚いた記憶がある。さらに、坂本は石垣の町でもある。古来、比叡山延暦寺や日吉大社の門前町であった坂本は、比叡山の山裾に位置し、山裾が殆ど台地や平地を形成することなく、琵琶湖に接する為坂が多い。この様な地形に、寺社の建物や僧、神官、参拝者らの住居や宿坊等を建築しようとすると、どうしても傾斜地にならざるをえない。そこで、平地を構築する為に石垣を使ったのである。よって、坂本の建築物は大抵の場合、石垣の上にあるといっていい。それ程、石垣が多いのである。石垣の多くは、野面積み（のづらづみ）（穴太衆積（あのう）

み）という工法で普請されている。

見た目の印象としては、無数の大小の自然石を築き上げ、外面を整えたといった風で、石垣を正面から見ると、弥生期の貝塚の断面図の様にも感じられ、一つ一つの自然石の輪郭線や石の濃淡の色合い、中には苔むしたものもあり風情がある。石垣の町坂本が、寺社の建築物群と合わせて、国の重要伝統的建造物群保存地区に指定されているのは、尤もな事と思うのである。

又、野面積みは、戦国期には城の石垣に応用され、慶長期（１５９６〜１６１５）以前のものは、大抵の場合この工法で造られている。実は、野面積みは、誰でも簡単に行えるものではなく、専門の石積み集団が存在した。名を穴太衆（あのう）といい、全国的に知られていた。その穴太衆の出身地が坂本といわれ、隣町には穴太町という地名が残っている。

坂本散策の最後に、約三百年前に創業したといわれる「本家鶴㐂（つるき）そば」に立ち寄った。蕎麦に舌鼓を打ちながら、味も然る事ながら、約三百年続く蕎麦屋が存在する坂本に感嘆した記憶がある。

坂本から比叡山へは、日本一長いといわれるケーブルカーを利用した。麓の駅では、悪戯をしでかす野猿を追い払う為に、地元の人が爆竹を鳴らしていた。この時の天候は曇だったが、ケーブルカーの運行所要時間約十分の間に、天空から雪が舞い始めたのである。私は、雪が浄域である比叡山の静寂さを、より一層引き立ててくれるのではないかと期待しつつ、雪間の山野と琵琶湖を眺めていた。

比叡山は、三塔十六谷といわれる広大な山内からなり、三塔とは、東塔、西塔、横川（よかわ）を指し、順に南から北へと連なっている。ケーブルカーの終着駅から、最も近いのは東塔である。東塔では、大講堂や国宝殿、千二百年以上灯り続ける不滅の法灯がある根本中堂等を散策したが、山内で登り降りが多い為、先程まで旅情を引き立ててくれた雪は、山坂の疲労を増し加える難儀な積雪に変わっていた。

私は、以前より不滅の法灯について、一つの疑問を持ち続けていた。それは、天台宗開祖伝教大師最澄が、比叡山を開創して以来、輝き続けている法灯が、元亀二年（１５７１）九月の織田信長による〝比叡山焼き打ち〟の際に、どうなったかという事で、この時、比叡山は全山焦土と化し、諸堂悉く戦火に見舞われたと云われている。地元のパンフレット等には、「不滅の法灯」と紹介され、約千二百年間途切れた事のない灯りと強調されている。

私は、根本中堂にあり、耿々（こうこう）としてではなく雪洞（ぼんぼり）越しに鈍い金色の光を放つ「不滅の法灯」をじっくりと観賞しながら、主目的の一つを果たした充足感と疲労の癒やしに包まれ、やがて、その余韻の内に寺の方に、〝比叡山焼き打ち〟についてお尋ねした。その方は、丁重な言葉使いで次の様に説明して下さった。

信長の比叡山焼き打ちの時、不滅の法灯は一旦は姿を消したという。その後、諸堂再建の折、法灯は復活する。この時の灯り火は、以前の法灯のものを用いたという。この灯り火の所在は、出羽国（現在の東北地方の日本海側半分）にある天台宗宝珠山立石寺（りっしゃくじ）（通称山寺）である。この寺は、最澄の比叡山開山（延暦七年〈788〉）から遅れる事、七十二年後の貞観二年（860）に円仁によって開山され、立石寺の根本中堂には、天台宗総本山比叡山延暦寺より、不滅の法灯が分灯されていたのである。

私は、長い間持ち続けていた疑問に対する答えを伺い、満足しつつ礼を述べた。それから暫くの間、雑談になり、その最中、ふと一人の人物が浮かんできた。三塔の内、横川を主な在所にしていた元三大師である。旅程としては時間的制約から、東塔を主としていたのでよかったのだが、横川まで交通の便はどのようになっているのか気になり、寺の方に尋ねてみた。寺の方は、少し返答に窮する表情を浮かべた後で次の主旨で話された。

「横川までは、山道で五㎞ぐらいあるし、バスも今（冬期）は運休しているし、この天気（雪日）では、ちょっと無理だと思います」

私は、丁重に辞した後で、当初から旅程に組み込んでいなかった事もあり、心の中で「しかたないか」と思いつつ、横川は三塔の中で最も山深い所にあり、より俗界から隔離され修行に相応しい地なのではないかと思った。その横川には、元三大師の廟所がある。

元三大師という僧名は、正式諡号（しごう）ではなく、永観三年（985）正月三日に没した為に民間信仰から名付けられた尊称である。公式には、比叡山延暦寺十八代天台座主（ざす）良源の事で、諡号は慈恵大師、叡山中興の祖といわれ、天台宗開祖の伝教大師最澄ですら任じられていない僧侶の極官である大僧正位（官位では、正三位大納言に準じる）を朝廷より賜った。良源は叡山山内の中で、衰微していた横川の復興に意を注ぎ居を構え、墓所も横川とした。

又、元三大師と尊称された良源は、真言宗の弘法大師と並ぶ大師信仰の僧でもある。大師信仰とは、仏教の教理に対する信心ではなく、一個人の僧侶に対するもので、信仰の中身は現世利益であり、基本的な思考は先の太子信仰と類似している。関東では、というより全国的といえるかもしれないが、大師信仰といえば、まず、弘法大師空海を思い浮かべる方が多いと思うが、関西では、空海と並び称される程、元三大師の名は知られている。因みに、比叡山で大師といえば、元三大師良源の事で、比叡山を開創した伝教大師最澄を意味する言葉ではない。つまり、最澄は大師信仰に含まれることはない。これは、叡山中興の祖としての良源の功が大きく、一例を挙げれば、最澄の頃より対立していた奈良仏教（通称南都）を法論によって論破し、天台宗の社会的地位を向上させたのが最たるものの一つで、良源の声名は、世上に響き渡り、大師信仰に発展するのである。但し、良源の功績が最澄の業績を凌ぐということではない。

横川にある良源の住居跡に建てられた四季講堂（元三大師堂）は、大師信仰の聖地ともいうべき所だが、ここでは、何と元祖といわれるおみくじがある。

おみくじは、正月等の一風景として、神社にあるというのが通常の感覚だと思うのだが、始源は寺院にあり、この比叡山の大師信仰が、目青不動尊の扁額に表れていたのである。

目青不動尊の左手奥に、宝形造の本堂が建ち、右側の塀の向こう側に墓域が広がっている。

墓域の左手最奥の地画、丁度、本堂と塀を隔てた真向かいの位置が、戦国から江戸期にかけて、大名家として知られた大久保一族の墓域になっている。墓域は大久保三家からなり、手前から下野国（現在の栃木県）烏山藩（三万石）、相模国（現在の神奈川県）小田原藩（十万石）、相模国荻野山中藩（一万三千石）の順で区画され、烏山藩の域には大きな石碑があり、大久保一族の事績が記されている。

大久保一族の家祖ともいえる大久保忠世は、三河以来の徳川家譜代の臣で勇将として知られ、のちに徳川十六神将にも列する程の猛者である。忠世が天正十八年（１５９０）に四万五千石を藩領として、小田原城に入城し、大久保家は、徳川家の一家臣から譜代大名となり、小田原藩が始まった。ただ、忠世の治世は短く、四年後の文禄三年（１５９４）に小田原城内で卒した。享年六十三。遺領は、嫡子の忠隣が二万石の加増を受け、六万五千石で二代目の藩主となった。

忠隣は、家康の信任篤く、小田原藩主になる前年の文禄二年（１５９３）に、まだ年若い後の江戸幕府二代将軍となる徳川秀忠付きの老職となり、秀忠将軍就任後は幕府草創期の幕閣として活躍した。

老職時分の事として、家康の後継者を決定する際に秀忠を推挙し、結城秀康を推した本多正信と鋭く対立した事や慶長六年（１６０１）に小田原六万五千石から上野国（現在の群馬県）高崎十二万石の移封を断わり、小田原に留まった話等が伝えられている。

高崎移封の件では、石高が約倍に加増している為栄転といってよく、辞退の裏には、小田原が、家康より父忠世へ賜り、心血注いだ封地であり、相模湾を抱える良港に恵まれ、江戸期の大動脈東海道の要衝の宿場町をも有していた事等が考えられている。

特に宿場町としての小田原は、西方に関東地方と東海地方を分ける天下の険といわれた箱根の山が聳え、大方の旅人は山を越える前に小田原宿に一泊したといわれている。無論、旅人の中には、西国の諸大名も含まれる訳で、人や物資、情報という面からも量が多大で、要衝の地と呼ぶに相応しい土地柄だった。さらに余話としては、関東の「関」や古称である坂東の「坂」は、箱根の「関」所や山「坂」とする説がある。又、箱根は、樹草の種類や話し言葉、縄文、弥生土器の形式や伝播状況等の文化圏の境界線の一つに挙げられ、古来、重要な山であった。

さて、その後の忠隣に思いがけない事が起こる。それは、慶長十九年（１６１４）に幕命により、キリシタン禁圧の為に京にあった時、突如、改易されたのである。理由については、公にされておらず、様々な憶測をよんだ。例えば、前年の慶長十八年（１６１３）に病死した大久保長安の不正事件が発覚しており、これに忠隣も関与していたのではないかとする讒言（ざんげん）等であるが、当時、最も膾炙したのは、先の本多正信との政権争いが原因とみられていた。

大久保一族で、「三河物語」を著した大久保忠教（ただたか）（通称彦左衛門）は、その中で次のように述べている。

「本多正信は、できものが出て顔面が崩れ、歯をむきだして死んだ。その子、正純も改易され、出羽（現在の秋田県横手市）に流されてしまった。これは、正信が忠隣を罪なく陥れた報いにちがいないと世間では評判だ」

というのである。

江戸幕府草創の頃は、大御所家康と二代将軍秀忠のいわゆる二頭政治の時期があった。家康に正信、秀忠には忠隣が仕えていたが、忠隣の改易を命じたのは家康で、正信の子正純の改易は、家康亡き後の秀忠によって行われた。無論、単純な意趣返しという事ではなく、実際には権力的力学や様々な思惑が複雑に絡み合った政争とは思うが、門外漢たる諸大名や旗本、市井の人々の忠隣改易に対する心証も概ね、彦左衛門と同様だったと思われる。

この様な訳で大久保家は小田原を去り、子の忠常が武蔵国騎西二万石で何とか家名を繋ぎ、次代の忠朝が肥前国唐津（現在の佐賀県唐津市）で八万三千石を有するまでになり、忠隣改易から七十二年後の貞享三年（1686）には、小田原に再封されるという奇跡的ともいうべき返り咲きを果たすのである。

この時の忠朝の様子が、「武野燭談」に記されている。「祖父忠隣の旧領を回復し、忠朝の喜び限りなし」。大久保一族にとって、忠隣の改易は陰惨な政治的謀略で、何ら根拠のない冤罪との思いが強かったのであろう。小田原再封は、積年の鬱憤を一挙に晴らすぐらいの慶事といえた。

教学院には、この三代忠朝から五代忠方と八代忠顕を除く歴代当主八名とその婦女子、分家である烏山、荻野山中の両藩の墓石があり、総数は凡そ三桁の数値に近いと思われる。私は、まず忠朝（法名松慶院）の墓を捜した。この墓域には案内板の類いがない為、法名から判別するしかないが、墓石の刻字があまり風化摩耗せずはっきりと識別できる事から、然程、難儀せずに見つけられる。忠朝の墓を眺めながら、忠隣の理不尽な改易と本願成就を果たした忠朝の事績について想起した。私は、次に九代目当主忠真（法名彰道院）のそれを見つける為に、墓石を丹念に見て回った。途中、大久保家定紋の大久保藤以外に丸に十字や卍の家紋が付されているものがあり興味をひく。やがて、中央部付近で忠真の墓と出会えた。

忠真は、天明元年（１７８１）に八代目当主忠顕の嫡子として江戸に生まれた。年少の頃より英名が高く、将来を嘱望されていた。正室の清蓮院は国持ち大名阿波国（現在の徳島県）二十五万石の蜂須賀治昭の娘で、外様とはいえ、大久保家の所領が十万三千石である事に留意すれば、不釣り合いの婚儀といえなくもなく、恐らく、将来幕閣として活躍するであろう忠真の英名さが、多分に影響したと推量される。

寛政八年（１７９６）忠顕の跡を継ぎ、第九代当主として藩政を司った。最大の懸案は、慢性化する財政難の立て直しで、対応策として、支出の削減と荒廃田の復興、新田開発等を柱とし、収入の安定増大を図るというものだった。

さらに、退廃的な士風の刷新や人材育成を目的とした藩校集成館の創設、領民教化の為の良民の表彰、出自に拘らない人材登用等を行い、特に人材登用の面では、有名な二宮尊徳（金次郎）を見出した事で知られている。忠真の藩政期間は四十二年に及び、数々の善政を敷いた事から名君と呼ばれるに至る。

そして、文政元年（1818）には老中に就任し国政をも司った。老中在任中には、貨幣改鋳や二毛作の奨励、人材登用等に意を注いだ。特に人材の登用では、後に勘定奉行と海防掛を兼ねロシアのプチャーチンとの折衝で知られた幕閣きっての逸材、川路聖謨や樺太探検で間宮海峡の名を残した間宮林蔵、勘定奉行と江戸町奉行を務めた矢部定謙（さだのり）らを抜擢した。

又、後継の忠愨（ただなお）の正室は、薩摩国（現在の鹿児島県）七十七万石の島津斉興の妹である。大久保家の婚姻は概して、譜代大名の息女と結ぶ事が多く、三百諸侯中表高二位の島津家との縁組は、忠真の婚儀と同様に異例といえ、名君である忠真の余光といえるのではないか。

ただ、小田原藩の財政難は名君たる忠真をもってしても決定的な回復をみないのである。事由として、富士山の大噴火や度重なる大地震等による農地の荒廃や各地で実績を上げていた経世家としての二宮尊徳による報徳仕法が忠真の命で小田原藩領に拡大されようとした矢先に、忠真が死去し、頓挫するという不運に見舞われた事等が、挙げられる。江戸期の藩財政再建の困難さを示す、一典型をみる思いがする。

5 常盤と白秋

教学院から緩やかに蛇行する旧大山道（世田谷通り）を西に進路をとり、環状七号線と交差する若林の交差点を越え、若林三丁目のバス停の路地を左に折れた所に常盤塚がある。塚は自然石風で不整形ながら三角形をしており、手前右側には桜の一老木が佇んでいる。

この塚の主は常盤という女性で、世田谷に残る著名な伝承、「名残常盤記」の主人公である。この伝承は、編算年代、著述者が共に不明で、幕末から明治初期にかけてのものと思われる写本が四種類残されている。四種類の写本の内容は、多少の相異はあるものの大筋としては同様といわれている。時代背景は戦国時代で、あらましは次の様に伝えられている。

戦国期の世田谷城城主、東条吉良家十一代当主頼康（当初頼貞、以下便宜上頼康）の治世のある時、頼康が鷹狩りに出掛けた際、一羽の白鷺を捕まえると、白鷺の脚には、女性の筆跡で秀逸な和歌一首が添えられていた。

帰城した頼康は、早速、和歌の詠み手を家臣達に捜させた。すると、吉良家重臣で奥沢城城主大平出羽守の息女常盤である事が分かった。常盤は以前より、才色兼備として吉良家家中に知られていたので、頼康は大変喜んだという。やがて常盤は、頼康に見初められ十人目の側室として迎えられた。その後も頼康の寵愛を一身に集めたが、他の側室達は嫉妬したという。

婚姻して間もない頃に、里帰りとして、頼康と常盤は奥沢城に巡行し、その時目にした淡い白色の鳥が翼を広げた様な形をした草花を二人の縁結びである白鷺にかけて「鷺草」と名付けたという。因みに「鷺草」は、世田谷区の区花になっている。

その後も常盤は頼康の寵愛を一身に集め続けやがて懐妊する。常盤が身籠ったと知った他の側室達の感情は、最早嫉妬から憎悪に変様し、常盤を陥れる謀事を実行するまでになっていった。

謀事とは、頼康股肱の臣で美男として知られた内海掃部と常盤の密通というあらぬ噂を流し、それを頼康に信じ込ませるというものであった。

折しも吉良家と懇意の深かった小田原北条家三代目当主氏康の病が重い為、頼康自ら掃部を含む多数の家臣を引き連れ、病気見舞いに小田原に出掛けた。その途上、掃部は、謀事にはまり常盤と掃部の密通を信じ込んでしまった頼康の怒りをかい、結局は無実の罪で死に至ってしまう。無論、頼康の怒りの矛先は常盤にもむけられた。常盤は身の潔白を必死に訴えたが、頼康の怒りは聞く耳を持たない程激情し、常盤の死罪を決意するまでになる。

それを聞いた常盤は、胎中の子の為に城を抜け出そうと決し、七夕の夕刻に身重な体をおして決行した。途中、小休憩の為に立ち寄った常在寺で、母子の安全を祈願して鬼子母神像を井戸に投げ入れたといわれ、井戸は近年まで常在寺に伝えられていた。

しかし、常盤の逃亡は城内でも知れる処となり、城から追手が差し向けられ、身重の常盤に追いつくには然程の時間はかからなかった。その時常盤は、最後を悟り辞世の句を詠み終えた後で、凛として追手に討たれたという。享年十九。

常盤や掃部の死後、世田谷城下で変事が重なった為、頼康は寺院で祈禱（きとう）を行った。祈禱の最中に、常盤や掃部を死に至らしめた謀事が露見し、厳しい詮議が行われ、常盤らの無実と、他の側室達の罪状が明らかになり、累計十三人の関係者は死罪となり、墓として十三の塚が築かれ、最近まで「十三塚」の地名が残っていた。

頼康は改悛の情から、駒留八幡神社に死産した我が子の霊を相殿とし、社内の田中弁財天を常盤の供養にしたという。

又、「名残常盤記」にも登場する常在寺の寺伝では、開山の日純が日頃から、常盤の深い帰依を受けていたが、大永三年（１５２３）四月二十四日の事、日純が頼康の逆鱗に触れ、常盤の眼前で斬られようとしたその時、常盤が自刃に及んだと伝えられている。付帯として、「名残常盤記」での常盤の没年は、天文四年（１５３５）の頃としている。

世田谷で流布している事として、「名残常盤記」は、「勝光院愛縁薬師縁起」を基として編まれたと喧伝され、こちらの主人公は頼康の正室である高源院（崎（さき）姫）と紹介されている。

つまり、「名残常盤記」はあくまでも史実ではなく伝承説話の創作とみられているが、全てが荒唐無稽とも思えない節もある。例えば、登場人物の吉良頼康や大平出羽守、北条氏康等は実在の人物である。但し、氏康は確かに最晩年に重い病を得て、長らく病臥にあったがその時期は、元亀元年（１５７０）～元亀二年（１５７１）の頃といわれているから、常盤が没したとされる天文四年（１５３５）とはかなりの隔たりがあるのも確かである。

史跡の面では、常盤塚から東南の方向、徒歩五分ぐらいの距離に駒留八幡神社が存続し、常盤を供養したという田中（常盤）弁財天がある。さらに、徒歩十分ぐらいの西方にある常在寺には、近年まで常盤が逃亡した時に、鬼子母神像を投げ入れたといわれる井戸が存在した。そして、当然ながら世田谷城や奥沢城も確かに実在したのである。

これらが、「名残常盤記」について全ての内容が創作とは思えない節であるが、かといって、実話とする確証がある訳でもない。この辺が、伝承説話の面白味でもあるし、難儀する処でもあろう。

私は伝承説話の中で頼康の側室達が全て死に至った事と、史実としてその後の頼康が小田原北条氏出身の高源院（崎姫、氏康の妹）の子、氏朝(うじとも)（実父は堀越(ほりこし)今川貞基(さだもと)）を養子として跡を継がせた事が、何とはなく気になりながら、歩を旧大山道に返した。

旧大山道にもどると、少し先の反対側の歩道に北原白秋旧居跡の立て札がある。

白秋は、明治期から昭和にかけての文壇を代表する詩人であり歌人でもあり童謡作家でもあった。白秋は世田谷に約十二年間在所し、内三年間をこの立て札の地で過ごしたという。当地にある時、「世田谷風塵抄」を著し、その中で世田谷の風物詩といえるボロ市に関連した詩を作っている。

　　襤褸(ボロ)市に冬は貧しき道の下
　　　桜小学校に通う子らはも

　ボロ市は現在でも続く市で、毎年十二月と一月に開かれる。起源は寺社とは関わりのない純然たる六斎市で、目ぼしい特産物に恵まれなかったこの地域では、主に日用品類の売買を行っていた。その庶民性に通じる表現として、「貧しき」とか「桜小学校に通う子ら」という語に表れていて往時の情景が思い浮かぶ。
　私は、自分の詩心が高度に育成されているとは思っていない。よって、白秋に関する知見も多くはない。それでも「この道」や「ペチカ」、「からたちの花」等の童謡は知っている。これらをよく耳にしたのは、小学校低学年の頃と思うが、どれも寛(ゆったり)とした音調で平易な言葉から牧歌的な情景が表現され印象に残っている。

この道

この道はいつか来た道　ああ　そうだよ
　あかしやの花が咲いてる

あの丘はいつか見た丘　ああ　そうだよ
　ほら　白い時計台だよ

この道はいつか来た道　ああ　そうだよ
　母さんと馬車で行ったよ

あの雲はいつか見た雲　ああ　そうだよ
　山査子（さんざし）の枝も垂れてる

今回、改めて白秋の詩を目しても、詩心が高度に育成されていない私にとっては、先の印象ぐらいしか思い浮かばない。なぜ、白秋の詩が教科書に登場し、後世に伝え続けられているのか理由が明確には解らないのである。但し、尤も理解するというよりは感ずべき対象だとも思うのだが、一先ず時間をかけて関係書籍に目を通した。

白秋は、明治十八年（1885）福岡県柳川市に生まれ、名を隆吉といった。ただ、実際の出生地は母方の実家がある熊本県南関（なんかん）町であったという。柳川で幼年期を過ごし、十四歳の時に文学に目覚めて、十六歳の時に「白秋」の雅号を名乗った。

その後、早稲田大学英文科に進み在学中から本格的に執筆活動を行い、文才を発揮していく。明治三十九年（1906）に与謝野寛の招きに応じて、早稲田大学を中退し新詩社に身を転じた。以後、昭和十七年（1942）に五十七歳で没するまで、様々な著作を世に送り出した。

関係書籍を読み進めていく内に感じた事がある。考えれば当然の事だが、文学的詩心の造詣とは即席には身に付かないし、ある意味において、理解し難くもあるという事だった。

例えば、「北原白秋　近代の詩人五」（潮出版社）の白秋評には、

「何より驚くのは、詩人の心の底から、間欠的に嵐のように噴き上げる詩的感興であり、その嵐に捕えられると、ほとんど超人的な自由感による。日本語の完璧な操作が、新しい詩境を定着することに成功した　云々」

とか、

「この言葉の魔術師は、民謡、俗謡の分野だけでなく、童謡の世界でも、近代日本を代表する偉業をなしとげた。これは彼自身に、驚くべき『子供らしさ』(それは感情的な純真さであると同時に、思想的な未熟さをも意味したが)が、本来、そなわっており、生涯、子供の心を理解するだけでなく、子供そのものでさえあったという特性を備えていたため云々」

とある。文中の「間欠的云々」とか「ほとんど超人的云々」、さらには、「言葉の魔術師云々」等の文章から、小生のいわんとする事が少しはご理解頂けると思う。勿論、先天的な嗜好の相異やこれとは違う白秋評もあるであろうが、この白秋評と同水準、あるいは准ずる認識に辿り着くには、長い時間、詩学に触れ高い見識を身に付ける必要があると痛感した。

やはり、文学的詩心というものは、即席には身に付かないのである。

6　東条吉良氏　一

白秋の旧居跡から、旧大山道を西進すると世田谷城下である。といっても、天守閣を有する城や武家屋敷がある訳ではない。中世の時分においてである。

ここで、中世の世田谷城主でこの地域に盤踞し、現存する寺社を造営した吉良氏について触れたいと思う。

吉良氏は、清和源氏の出自で祖先や同族には、源義家や足利尊氏らに繋がる名門と云われているが、詳細な事は数種の系図が伝えられ分明でなく、歴代当主の事績についても総体的に史料が少ない為、史実とされている事も多くはない。

通説では、鎌倉初期に足利義氏（よしうじ）が三河国吉良荘（現在の愛知県西尾市吉良町）に地頭として入部し子の長氏が土着したのに始まるといわれているが、吉良荘の存在は平安期から確認でき、平安末期には東条吉良氏と西条吉良氏に分かれていたとする説もある。

通説に従うと、長氏には三人の子があり、長子満氏は西条吉良氏を継ぎ、次男国氏は今川氏、三男義継は東条吉良氏の祖になったという。世田谷城主吉良氏の遠祖は義継の東条吉良氏である。

因みに、西条吉良氏は、忠臣蔵で有名な吉良上野介義央（こうずけのすけよしなか）の遠祖で、今川氏は戦国期の武将として著名な今川義元の祖にあたる。

これ以降の鎌倉期における吉良氏の動静については判然としないが、本家といえる足利氏が鎌倉幕府執権を司った北条氏と婚を重ね特定の地位を得ていた事や源八幡太郎義家の後裔であった為、源氏の棟梁と見られていたことから、足利一門の吉良氏も一定の地位にあったと思われる。

時を降った室町初期の建武新政の根本史料である「建武年間記」には、鎌倉府に「関東廂（ひさし）番（ばん）」という要職がみえ、東、西条吉良氏の後裔にあたる貞家（東条吉良氏、三番頭）と満義（西条吉良氏、六番頭）が任じられている。

関東廂番とは、そもそも鎌倉幕府によって創設されたもので、鎌倉に下向した親王等を、警固するのが主な任務であった。鎌倉幕府崩壊後に成立した後醍醐帝の建武新政下にあって、武家の中心地である鎌倉に下向した成良親王の身辺を警固する重職に就いた両吉良氏は、有力な武家であったと思われる。

この東条吉良貞家は、現在確認されている同家一族の中で最古の文書を残した人物でもある。その文書から確認出来る当時の所在地は、吉良荘や鎌倉、世田谷ではなく陸奥（現在の東北地方の東側半分に相当する）である。

貞家は、貞和二年（1346）〜文和二年（1353）頃に奥州探題（陸奥管領）の職にあり、それに関連した文書を発給している事から事績を窺い知る事が出来る。貞家は元より東条吉良氏として初見とされる文書は、陸奥飯野八幡宮（現在の福島県いわき市）に収蔵されている。内容は、貞和二年二月九日に、貞家が伊賀三郎左衛門に宛てた軍勢催促状である。

この時の世情は、南北朝の動乱期にあたり、貞家は当初、畠山氏らとその任にあたっていたが、やがて北朝内部で足利尊氏と実弟の直義の間で「観応の擾乱」が起こり、奥州探題の武将達も両派に分かれ、干戈を交えた。

最終的には、尊氏方の貞家が直義方の畠山高国、国氏父子を自害させ、奥州探題としての権勢を強大化させた。貞家が、陸奥国の塩竈神社（現在の宮城県塩竈市）や中尊寺（同岩手県西磐井郡平泉町）等の有力寺社に文書や禁制を出しているのは、奥州探題の権勢を如実に表している。

現在、貞家のものとして確認出来る最後の文書は、文和二年十二月四日のものだが、貞家の在世中に世田谷と関係するものは何もなく、東条吉良氏と世田谷が結び付くのは子の治家からである。

治家は、文和三年（1354）に軍勢催促状を発給した事が確認でき、貞家の跡を継いで治家が奥州探題になっている。

治家は、貞治五年（1366）頃までは奥州探題であった事が確認できるが、それ以降は関東にいたらしい。どうも、後から奥州探題となった斯波氏が勢力を伸張し、次第に圧迫され、奥州にいられなくなったのが実情らしい。関東にあった治家は永和二年（1376）に文書を発給している。「1　世田谷の故名」の章で触れた、世田谷の地名の初見とされる文書である。再記すると、

奉二寄附一
　鶴岡八幡宮社
　　武蔵国世田谷郷内上弦巻半分事
右志者、爲二天下安全　以殊家門繁昌一也仍寄附如レ件
永和二年正月二十九日　散位治家（花押）

※一部の古字を現代文字に改めている。

内容は、治家が世田谷郷内上弦巻（かみつるまき）半分の土地を鎌倉鶴岡八幡宮に寄進し、「家門繁昌」と「天下安全」を願うというものである。

この文書から、「世田谷」という地名の存在とその「世田谷」に吉良治家の所領があったという事が解るが、留意を要するのは、この史料から治家の世田谷居住や世田谷城がこの時期に

築城されていた等とする確証は何も得られないという事である。

治家の確認されている最晩年の史料は、鎌倉円覚寺に収蔵されている版経の大般若経数巻で、その刊記には、明徳二年（１３９１）に治家によって上梓された事が記載されている。尚、治家の後継者で実子と思われる吉良頼治も永徳元年（１３８１）と応永十二年（１４０５）に同様に上梓している。

頼治の版経は、八百巻で大般若経が全て揃うという膨大なもので、当時の吉良氏の経済力が偲ばれる。

吉良氏系図では、頼治の後、頼氏、頼高、政忠と継承されているものの、各当主とも具体的な事績についてはあまり伝えられていないが、政忠の名が見られる伝承が二つ程ある。

一つは、現存する豪徳寺に伝わるもので、豪徳寺の前身が弘徳寺という名で、弘徳寺は政忠が伯母の為に造営したとも伯母自身が文明十二年（１４８０）に創建したともいわれている。もう一つは、これも現存する勝国寺の寺伝で、この寺は天文二十三年（１５５４）に世田谷城の鬼門（東北）除けとして、政忠が造寺したとの伝承をもつが、創建年代については疑義を感じずにはいられない。内容について後述したいと思う。

次代の成高（しげたか）については、文明十二年の太田道灌（どうかん）書状に名が見える。因みにこの太田道灌は、江戸城を築城した人物で「山吹の里」の伝承でも知られた戦国武将である。書状には、「吉良殿様は、最初より江戸城にいて配下の軍勢を指揮し、数度合戦し勝利を得た」という主旨のもので、原注には「吉良三郎成高、公方一族、世田谷トモ蒔田トモ云、」とあり、原注を勘案し総合的に考察すると、太田道灌から「吉良殿様」と敬称された人物が「吉良三郎成高」である事、この成高は公方（室町幕府足利将軍家に繋がる鎌倉府足利氏）一族であり、世田谷殿又は蒔田殿と敬称され、文明十二年に江戸城にて合戦を行い城内の兵を指揮して勝利した事が解り、敬称については世田谷と蒔田（現在の神奈川県横浜市）に成高の所領があった事を示している。

更に、万里集九という禅僧が記した詩文集「梅花無尽蔵」にも、成高と思われる吉良氏が登場する。万里集九は、文明十七年（１４８５）に道灌に招かれ、美濃（現在の岐阜県）から道灌の居城である江戸城内に新築の庵を与えられ、以後そこで三年間過ごした。この三年間の出来事が「梅花無尽蔵」に著されている。三年目の年にあたる文明十九年（１４８７）に吉良閣下と称する人物の使いが、万里集九の許を尋ね持参した扇に詩を求めた事が記されている。閣下とは、貴人の敬称であり、前年の項には吉良閣下の注記に蒔田御所と称したとある。文明十九年という年が、成高が江戸城で合戦を行った文明十二年から七年後の事と留意すると、万里集九に使いを送った吉良閣下が成高であると判断していいと思う。

吉良氏の敬称として、「殿様」とか「閣下」、「御所」等と記すが、尊貴の度合いを知る史料が、享徳三年（１４５４）に編算された「殿中以下年中行事」である。この書には、当時の関東における政治機構として鎌倉府があり、最高位の「公方様」こと足利氏を頂点に「管領」であり「御一家」でもある上杉氏、他の「御一家」の渋川、新田岩松、吉良の各氏で構成されていた。後に、関東で台頭する小田原北条氏も「管領」や「御一家」を名乗る様になる。
従来、鎌倉府では公方の足利氏当主が客人を縁（えん）まで見送る習慣があった。しかしこの頃には来客者が多くなり、以前の様に見送りをしなくなったが、吉良氏は別格の家柄なので従来通り見送ったとある。「殿中以下年中行事」の著述年代が、享徳三年である事を考えると、この時期の吉良氏の当主は、成高いや先代の政忠の方が可能性として高いかもしれない。

これらの事から、東条吉良氏が世田谷と蒔田に所領を有し、武家として高貴な由緒ある家柄で地位や特権を持ち、関東の武家社会で広く認知されていた事が解るが、ここで、少し歴代の吉良氏当主について反芻してみたい。成高の前後の当主についてである。

政忠：寺伝として天文二十三年（1554）に勝国寺創建、「殿中以下年中行事」当時の吉良氏当主？（成高の可能性もある）

成高：文明十二年（1480）太田道灌書状　他

頼康（頼貞）：天文二年（1533）「快元僧都記」他

という様になる。政忠の勝国寺創建年代である天文二十三年が、孫にあたる頼康の代まで降ってしまい物理的に不可能といえ、この事が先に述べた疑義である。勝国寺の創建年代については、分明でないとするしかないが、あえて推論すれば、頼康の頃の吉良氏は世田谷に所領を得てから年月も経ち、吉良氏の最盛期を迎える時期で、その最盛期の基盤の一つには歴代吉良氏当主達の領地の開発や整備が挙げられる。主城の鬼門に寺院を造営するという当時にすれば、基本的な城下整備は頼康の頃には既に終えていたのではないか。

とすれば、頼康以前に世田谷の治政を担った歴代の吉良氏当主の誰かという事になる。この場合、寺伝である創建年代の天文二十三年は誤伝とせねばならないが、政忠については、弘徳寺の伝承（後身と伝わる豪徳寺は、世田谷城城内に創建されている）もあり、今後、新史料の発見等により、創建者候補の有力な一人として、よりクローズアップされる日がくるかもしれない。

7　東条吉良氏　二

三河国吉良荘で発祥した東条吉良氏は、室町幕府を開いた足利尊氏と同族であり、室町期以降、足利氏の繁栄と共に関東や陸奥の地で活躍し、特に世田谷や蒔田に所領を持つ時期には、関東でも屈指の名門武家として知られ、頼康の頃に戦国時代の最盛期を迎えるについては先に述べた。

この頼康の頃に、関東の政治情勢を大きく変様させる新興勢力が勃興する。小田原北条氏である。

小田原北条氏は、初代早雲（正確には伊勢新九郎、便宜上以下早雲）が、延徳三年（１４９１）（明応二年〈１４９３〉の説もある）に伊豆の堀越（ほりごえ）公方二代足利茶々丸を討ち史上に登場する。以後、着々と勢力を拡大し、二代目の北条氏綱（史料で確認される初めて「北条」を名乗った人物）が家督を継ぐ永正十六年（１５１９）頃には、伊豆、相模（現在の神奈川県）の二カ国をほぼ勢力下に置くまでになる。

氏綱は、戦乱の最中に箱根神社や相模一ノ宮の寒川神社、鎌倉の鶴岡八幡宮等の有力古社の再建を行っている。中でも鶴岡八幡宮の再建は、天文元年（1532）～天文九年（1540）までの八年の歳月を要し、人員や経費は膨大なものであったといわれている。

この時の様子を記した文献史料が、鶴岡八幡宮の神宮寺供僧職にあった相承院快元が著した「快元僧都記」である。天文二年（1533）五月の項に、氏綱の普請要請に「吉良殿様」（頼康）が応じた事や同年十月に「蒔田御所」（頼康）が杉田浦（現在の神奈川県横浜市）の湊に檜木や杉等の木材を集積し、鎌倉に運んだとあり、従事した人員は延べ五万人に達したとある。五万人という人員については誇張もあろうが、先に触れた治家の鶴岡八幡宮寄進文書もあり、歴代の吉良氏当主が鶴岡八幡宮を崇敬していた様子が窺える。

但し、この様な神社再建は、神威への尊崇の念もさる事ながら、新興勢力として関東に覇を唱えんとした北条氏が、関東一円の諸将に神社の普請を命じるという、いわば北条氏の権威や権力を確立させ浸透させる意味合いも含まれていた。特に鶴岡八幡宮の場合は、私的事業というより公的事業というべきもので、その由緒は源頼朝の故事を基層にしていた。

源頼朝は、鎌倉で幕府を開き中心に鶴岡八幡宮を据えた。八幡信仰は、源氏の伝統だったが、この時に武家社会に拡大され、頼朝と御家人達の私的主従関係は、公的な御家人統制として制度化されてゆく。この公的の象徴の一つが鶴岡八幡宮なのである。つまり、源氏の氏神から武家社会の氏神となった社の復旧再建は、公的機関が行う事業だったのである。この様な故事を北条氏は認識し、再建を主宰したのであり、その状況下で普請を行った吉良氏は、実状として北条氏の勢力下に置かれていたといえる。ただ面白いのは、その状況下で著された「快元僧都記」には、吉良頼康の事を「吉良殿様」とか「蒔田御所」と敬称されているのに対して、主宰者である北条氏綱の事は、「氏綱社参」とか「氏綱帰宅」等と記し、全く敬称を用いていない事である。推量するに、この頃はまだ、新興勢力としての北条氏の権力が確立途上にあった事に加え、今風にいえば、新参勢力の北条氏と名門古参の吉良氏との家格〝格差〟とも言えなくはない。

この頃の吉良氏に関係すると思われる文書に、「石川忠総留書」というものがある。それには、享禄三年（1530）一月に河越城（現在の埼玉県川越市）城主の上杉朝興が、江戸城及び周辺の小沢城（同神奈川県川崎市）、瀬田谷城を攻めた為、北条氏綱、氏康（小田原北条氏三代目当主）の軍が進撃し、小沢原（同神奈川県川崎市）で両軍合戦となり、北条方が勝利し上杉軍は撤退したというもので、瀬田谷城が今日の世田谷城に比定されているが、城主吉良頼康の動静については不明でこれ以上詳細な事は解らない。

「石川忠総留書」と先の鶴岡八幡宮再建を併せて考えると、当時関東を二分していた在来勢力の上杉氏と新興勢力の北条氏の内、頼康の頃の吉良氏は北条方であったと判断できる。

因みに、吉良氏の史料から確認出来る戦歴は、前述した成高の時と「石川忠総留書」に見られる計二回のみである。無論、これは現状ではこれ以上確認されていないという事ではあるが、それにしても動乱の関東に百年以上と思われる期間居住した名門武家の戦歴が、二回しか確認出来ないというのは希有といえ、戦国期の風潮として、自家の領土を拡大するという野心が希薄だったといえるかもしれない。尚、享禄三年は、後に武田信玄や上杉謙信と並び称される北条氏三代目の氏康が、初陣を飾った年でもあった。

吉良頼康の関係文書は多数現存しているので、ある程度まで事績を追う事が出来る。対外文書では、北条氏とのものが多い。その中に、北条氏康から頼康に宛てた刮目すべき文書がある。それには、氏康が丁重な文面ながら吉良氏重臣の奥沢城主大平氏を頼康に介する事なく、直接北条氏の指揮下に置く事に対し了解を求めている。これを容認する事は、吉良氏家臣団が実質的に北条氏家臣となり、吉良氏から離隔し、自立勢力としての吉良氏は、衰退し総体的に吉良氏自体も北条氏に従属化する事を意味しているが、頼康は了承するのである。正確を期するならば、了承するしかなかったのかもしれない。関東の一地方領主と新しい関東全域の覇者という関係から生じる事象であり、逆説的に述べれば、地政的要因等により、北条氏の勢力下でしか家名を存続させる事は叶わなかったかもしれない。

頼康は、天文十七年（1548）九月～天文十八年（1549）九月の間に頼貞（よりさだ）から改名している。一説には、改名の「康」は北条氏康の一字とされ、室町期の武家社会の故実に則した「一字名下賜」といわれている。この時代、類似した故実に偏諱（へんき）というものがあった。例えば、長尾景虎（後の上杉謙信）が関東管領上杉憲政の養子となり家督を継承したが、家格は上杉氏の方が上位だった為、憲政から偏諱を受け、名を上杉政虎と改めた。後に政虎は、室町幕府十三代将軍足利義輝より偏諱を受け、輝虎と改名するのである。偏諱は、主たる家柄の者が臣下に対して、名の下一文字を与え、臣下はその一文字を名の上部に使用する。頼康の一字名下賜に比べ従属度が高いといえる。

吉良氏系図を見ると、東条吉良氏の中で康の字を用いた当主は頼康のみである。さらに、改名時期の天文十七年から同十八年というのは、氏康が天文十五年（１５４６）の河越夜戦で反北条勢力に大打撃を与え内政に力を入れた時期でもあり、吉良氏を勢力下に取り込み領国の安定化を図った一例とも考えられ、一字名下賜の信憑性は高いと思われる。それでは、なぜ偏諱ではなく一字名下賜なのかと考えると、やはり名門古参で御一家に列する吉良氏の家格に尽きるのではないか。

永禄二年（１５５９）に作成された「小田原衆所領役帳」には、北条氏家臣団の所役負担が記録されているが、頼康については、名も領地も記載はなく、吉良氏が北条氏から一応は独立した領主として処遇されていた事を物語っている。北条氏にすれば、敵対した事のない吉良氏を武力行使によってその領土（吉良氏の領土は大きくない）を併呑するのではなく、武力を温存し御一家の名門吉良氏を遇し、平和的且つ段階的に懐柔する策を選択したと思われる。又、戦国の下剋上の世にあっても長きに亘り培われた伝統を短期間で退転させる事は、戦国七雄に列する名将北条氏康でも容易ではなかったのかもしれない。

何れにしろ、吉良氏は北条氏に平和的且つ段階的に懐柔されていく。その過程には政略結婚がある。頼康の伝承説話として、「名残常盤記」を紹介したが、通説とされているのは、氏康の妹高源院（崎姫）との婚儀である。ただ、高源院は再婚でしかも子連れであった。しかも連れ子が頼康の後継者になるのである。但し、この婚儀の事を記し、「名残常盤記」の原型といわれる「勝光院愛縁薬師縁起」は史料というより、伝承説話に属するものと思われ、あくまでも通説とされているに過ぎず、信憑性については薄弱といわざるをえない。これまで、吉良氏がいかに名門武家であるかに筆を費やしたが、仮に頼康に継子がない場合、東条吉良氏の血脈から養子を迎え後継者とし、その後継者に北条氏の子女を嫁がせるのが一般的で穏当といえる。

名門の吉良氏に、北条氏の姫とはいえ後家を嫁がせ何ら血縁のない連れ子（後の氏朝、実父は堀越今川貞基で東条吉良氏一門ではない）が、氏朝という北条氏血族の名で吉良氏を継承するというのは、見ようによっては穏当ではなく、寧ろ強引な御家乗っ取りとも思える。これらの事と「名残常盤記」に出てくる頼康室達の全員の死（室がいなくなるという事は、子孫が絶えるという事になる）に何かしら関連性がないかと気になり、色々と調べはしたが、何も見出せなかった。因みに、北条氏康の御家乗っ取りは他家でもみられる。大石、藤田の両家で、それぞれ実子の氏照と氏邦を養子とし家名を継承させ、勢力を拡大させている。

さて、頼康の晩年と氏朝の家督継承であるが、永禄三年（１５６０）十二月に吉良氏に関わりのある寺院に対し諸役免除を与えた文書に二人の名が連署され、吉良氏の代替わりを知らせている。内容については、吉良氏由緒の七ヶ寺に対して、吉良氏重臣の江戸、大平、高橋、周防、中治（地）の各氏が、主家である吉良氏に無断で課役するのでそれを免除するというものだが、重臣達が吉良氏から独立化していく様子が窺える。確認されている二人の連署文書はこれが最後で、頼康としても年号が確認出来る最後の文書でもある。翌永禄四年（1561）二月には、氏朝単独の文書が発給され、文中には「先代の如く」とあり、氏朝の家督継承が見て取れる。

「先代」の頼康については、永禄三年十二月以降に年号が確認出来る文書がない為、或いは永禄四年二月までに卒したとも考えられるが確証はない。ただ、永禄四年のものと思われる（年号不詳）二月二十五日付の北条氏康発給文書に、「蒔田殿」とあるので、この頃までは存命であったかもしれない。通説では、永禄四年十二月五日卒といわれている。

尚、頼康関係の文書には別称として、「世田谷御所」、「蒔田御所」が見られるが、どちらかというと「蒔田御所」の方が多いと思われる。享禄三年（1530）の瀬（世）田谷城の合戦と何か関係があるかもしれない。合戦を機に、蒔田に緊急避難し居を移したか、元から本居地にしていたかもしれないが、関係寺社は世田谷にも多く見られるので或いは並用していたとも考えられる。

頼康関係の史料は、文書以外にも肖像が知られていた。肖像は、世田谷の寺院に所蔵され、寺伝として永らく吉良頼康のものと云い伝えられていたが、その時分から信憑性に乏しく、疑問視されていた為、関係書籍にも名前の前に〝伝〟を付けて紹介されているものが少なくなかった。近年の研究によって、肖像主の新説が論じられ、驚いた事にそれは、著名な戦国大名である武田信玄とする説であった。この研究は書籍にもなっているが、大変興味深い内容である。

頼康の後、吉良氏の家名は存続するが頼康の代をもって、東条吉良氏の血筋は完全に絶え、北条氏一族の氏朝が跡を継ぎ、北条氏との関係は増す事になる。そして、氏朝が当主となった永禄四年は、長尾景虎（後の上杉謙信）が関東一円の十万といわれる軍勢を率いて北条氏の小田原城を攻め、武田信玄とは第四回川中島合戦を行った年で、まさに戦国乱世の時代であった。

吉良氏朝は、堀越（ほりこし）今川貞基と高源院（北条氏康妹、崎姫、山木大方（やまきおおかた））の子として、天文十一年（１５４２）に生まれたと伝えられている。

尚、一部の書籍で実父を堀越（ほりごえ）公方今川貞基としているが、堀越（ほりごえ）公方の堀越とは伊豆国韮山（現在の静岡県伊豆の国市）で、堀越（ほりこし）の方は遠江国堀越（同静岡県袋井市）で別地である事に加え、堀越（ほりごえ）公方は、初代足利政知と次代の茶々丸の二代で終焉する為、この二人以外に堀越（ほりごえ）公方は存在しない。よって、堀越（ほりごえ）と堀越（ほりこし）の誤認識による誤記と思われる。

氏朝の出世年が天文十一年なので、吉良氏の家督相続時（永禄四年〈１５６１〉）には、十九歳だったという事になる。通説によれば、氏朝は永禄五年（１５６２）（一説には永禄三年）に北条氏康の娘（鶴松院）を正室に迎えている。この婚儀の際、鶴松院の大叔父で北条氏一族の長老的存在であった北条幻庵宗哲（北条氏二代目氏綱弟）が著した「北条幻庵覚書」は、自筆文書が現存しよく知られている。文書には、嫁ぐ際の様々な心得や注意事項が二十四ヶ条の長文で記されており、縦二十九cm、横の長さは約百五十三cmにもなる。内容は、多岐に及んでいる為、戦国期の大名奥向きに関する一般的な認識や風習、教養等について知見できる貴重な史料とされている。鶴松院は、永禄十一年（１５６８）に嫡男の氏広（後の頼久）を出産し、氏広は吉良氏の後継者となり、吉良氏と北条氏の関係はより親密化するが、氏朝の出自が吉良氏の嫡流でない事もあってか、北条氏の対応は豹変する。永禄十一年七月四日付の北条氏政（北条氏四代目当主）の書状には、「氏朝江始中終中合候」とあり、要約すると「吉良氏朝に終始相談して」と述べ、頼康時代に見られた敬称はない。これは、この頃の吉良氏と重臣達が、自立勢力としてではなく、北条氏の勢力下に以前にも増して置かれ、実質的には北条氏の家臣団に列していた事の証左と考えられる。

北条氏政は、領国内の交通網を一段と整備した事でも知られているが、特に居城である小田原城と各支城が重要視され、世田谷城も、小田原城と江戸城の中間に位置し、矢倉沢往還（大山道）や鎌倉道が通る為、その中に位置付けられた。

そして、天正六年（１５７８）九月には世田谷城下に新宿を造設し、六斎市（一と六の付く日に行う楽市）の楽市掟書を発給した。発給者は、北条氏政であって吉良氏朝ではない。もはや、軍事面のみならず、経済的にも北条氏の支配下にあったといえよう。新宿という名称は、元宿（元々存在した宿場）に対してのものであり、それは現在の世田谷四丁目付近と比定されている。この天正六年の六斎市は、形を変え約四百年後の今日に催されるボロ市の始源となるのである。

天正十八年（１５９０）に、北条氏は豊臣秀吉の小田原征伐という最大の危機に直面する。この時に発給されたのが、「1　世田谷の故名」で触れた⑥の秀吉の禁制である。小田原の落城が同年七月なので、それより前の同年四月の日付をもつ禁制は、世田谷城下が秀吉軍によって征圧された事を示し、恐らく無血占領に近かったと思われる。この時の氏朝の動静については、史料がなく不明である。吉良氏家臣団については、江戸朝忠が北条氏の加勢の為、伊豆国下田（現在の静岡県下田市）に向かい、その地で戦死した事等が僅かに伝えられている。

氏朝は、小田原落城後も存命したが、所領は没収され、一時的に下総（現在の千葉県）に居住した。氏朝が再び世田谷の地を踏むのは、徳川家康の江戸入城（天正十八年八月）以降といわれ、帰郷した頃には、既に隠居していたと思われる。家督は子の氏広が継ぎ、自身は、世田谷城下の実相院に閑居し余生を送った。慶長八年（１６０３）九月六日に死去し、実相院に墓を置いた。享年六十一。

吉良氏広の代に至っては、同じ遠祖をもつ西条吉良氏が、徳川将軍家から厚遇され高家に列せられた為、吉良氏と称する事が憚られ、「蒔田」と名乗り、名も北条氏血族を表す「氏」の通字（つうじ）から、東条吉良氏の通字である「頼」を用いて「頼久」と改める。頼久にしてみれば、時勢とはいえ、さぞ無念の臍（ほぞ）を噬（か）んだであろう。この時、鎌倉期より有史に登場した東条吉良氏は、終焉をむかえるのである。

しかし、約百年後に蒔田姓から吉良姓に復する大事件が起こる。元禄十六年（1703）に発生した有名な赤穂浪士の忠臣蔵で、この時、西条吉良氏の上野介義央は、浪士達に襲撃され首級を挙げられる。義央の子義周（よしちか）は、後日、幕府より所領没収、家名断絶の上、信濃国諏訪（現在の長野県諏訪市）に配流されるに及び、一説によるとこの時に、蒔田氏が吉良姓に復したといわれる。復姓については、無論、欣喜雀躍する思いに違いないと忖度する反面、赤穂浪士の社会的影響度（事件直後から浪士は英雄視され、吉良上野介は悪役だった。この構図が歌舞伎や講談等で、後世に亘り全国的に広まった）を勘案すると、存外に複雑な心境になったのではないかと思ったりした。

8 世田谷新宿と襤褸(ボロ)市

旧大山道、今の世田谷通りは車の多い都道である。歩道にも自転車や歩行者が、絶える事なく往来していて、世田谷区の東西を横断する動脈道といった感じで、紐の端を摘み、徐に床に放った時に出来る緩やかな曲線に似た道筋以外に、古街道の面影は全くみられない。

暫くゆくと、かつて「下町」と呼ばれた地域に入る。下町とは、天正六年（１５７８）九月に新設された世田谷新宿の「下の町」という意味で、同様に「中の町」の中町、「上の町」の上町まであり、京洛に近い順に上中下と名付けられた。下町付近には、対をなす様に二つの寺が並び建っている。大吉寺と円光院である。

手前に位置する大吉寺は、大仏様風の本堂の屋根から、まるで天空に生え出る様な金色の相輪(そうりん)が印象的な寺である。住職をされていた寺内大吉氏は、直木賞作家としても高名な方であった。寺伝によれば、当初は吉良氏の祈願寺で真言宗だったというが、現在は浄土宗に改宗している。吉良氏の衰退と共に寺も衰微したが、江戸期に目黒祐天寺（現在の東京都目黒区）の祐天上人と弟子の祐海上人の尽力により、再興したと伝えられるが、数度の火災で寺宝や古文書類を消失し、来歴については不明な事が多い。

本堂の裏手には、簡素ながら枯山水の庭があり、その奥は墓域が広がっている。枯山水の庭から、少し奥まった所に、江戸期に有職故実の大家として知られた伊勢貞丈の墓がある。元々、大養寺（現在の東京都港区）から、大正十一年（１９２２）に、貞丈や妻子、子孫など一族ごとこの地に移されたという。墓石の分類に「唐破風付」というものがあるが、貞丈の墓石の場合、唐破風の部分が何ら装飾のない大振りの笠といった感じで、唐破風の優美さはないものの却って、素朴で枯淡といった趣がある。

以前に九州の小倉を旅した際に、小倉城庭園を観、併設された展示室も見学した。その中に、有職故実について詳しく紹介された一画があり、「有職」とは朝廷を頂点とした公家社会、「故実」は凡そ室町期頃までに成立した武家社会の各々の礼法礼式の事だったと少し心許ないが記憶している。ただ、江戸期以降は、「有職故実」の四文字で、公武の礼法礼式と意味する事が多い様である。室町期以降、有職故実家として、伊勢と小笠原の両氏が知られた。伊勢氏は貞丈の家で、小笠原氏は「小笠原流礼法」の宗家として知られた旗本の小笠原家の事をいう。私が訪ねた小倉を江戸期に統治した大名は、礼法宗家の旗本小笠原家の総領家にあたる小笠原忠真の系譜で、石高は十五万石、藩政期間は二百三十六年という長期に亘った。総領家でも有職故実が盛んで、現在でも展示室に遺風を見る事が出来たのである。

貞丈は、伊勢家に伝来する有職故実を集大成し、三百に及ぶ著作を残した。評価は非常に高く、江戸期の有職故実に関する著作の最高峰の一つといわれている。

山内には、戦国武将として知られた近江（現在の滋賀県）の浅井長政と由緒があるという石が、案内札と共にあるが、どのような由緒かは解らなかった。

隣接する新義真言宗の円光院も創建当時は、吉良氏の祈願寺だったと伝わる。この寺院も数度の災害により、多くの記録は伝えられていない。江戸期に寺運は衰微し、明治初期には廃寺の危機にあったという。幸い、当時の檀家等の強い発願により、明治二十六年（１８９３）に再興され現在に至っている。入母屋造の本堂前には、数年前まで、併設されていた幼稚園の遊具として、ミニ機関車の乗り物があって、賑やかな寺景であった。それを懐古すると尚更、廃寺の件が冗談にも感じられる。


旧大山道は、円光院の前で直角に折れる、所謂、鉤曲りの道筋になっている。鉤曲りの道筋は、中世の城下町や宿場、環濠集落に見られ、要するに戦乱時の敵の進入に対して障害を設けて、敵の前進を拒み、守勢側にあっては、防御をし易くするという道筋である。世田谷新宿の鉤曲りは、江戸期には確認されており、始源は室町期の世田谷新宿開設時まで遡ると思われ、この付近から中町、上町と続くのである。

因みに、円光院前から鉤曲りは、毎年冬に開催されるボロ市の主要な通りの始点でもある。ボロ市の起源は、先述した様に天正六年（１５７８）九月に小田原北条氏が発給した楽市の掟書で、当初は六斎市で一と六の付く日に行われていた。つまり、月に六回開催されていたという事で、それだけ人出も多かったと伝えられている。

江戸期に入ると、徳川幕府は、江戸を中心とした交通網の整備を行い、五街道（東海道、中仙道、甲州街道、日光街道、奥州街道）を主幹道とし、その付属街道と共に幕府道中奉行の支配下に置いた。それ以外の脇往還（脇街道）は勘定奉行の管轄とし、世田谷の大山道（矢倉沢往還）は、勘定奉行の管轄下にあった。管理機関を別にする程、五街道の整備に重点を置いていた訳で、具体的な施策としては、城下町や五街道等の宿場における商工業者を保護する意味から、農村での商業活動を抑制する農商分離政策を推進した為、商工業者の多くは城下町や五街道の宿場に移住した。

世田谷新宿の場合、江戸期は城下町ではなく、大山道も衰退していた為、宿場というより農村の色合いが強く、この政策によって多くの商工業者達が江戸等に移り住んだと思われ、六斎だった市も何時しか毎年十二月十五日のみ開かれる歳の市となり、年一回の開催が明治初期まで続くのである。

現在のボロ市は、毎年十二月十五、十六日と一月十五、十六日に開かれる。江戸期に年一日の歳市が四日になるについては、当然ながら理由がある。それは、明治六年（１８７３）の明治政府による太陽暦の採用である。

それまで日本では、月の満ち欠けで暦を判断する太陰暦を使用していた。太陰暦では一カ月を二十九日と半日としていたり、閏年が一年十三カ月になったりと、欧米諸国と接触する際、暦を異にするのは何かと不便という理由から、太陽暦の採用に踏み切った。これにより、明治五年十二月は二日で終わり、太陰暦で十二月三日だった日が、太陽暦を採用した明治六年一月一日になったのである。

無論、明治政府は暦の変更について、事前に大規模な周知を行った。世田谷の歳市は、対応処置として、十一月二十五日に開催されたが、情報の未周知や旧暦の慣行が依然として強かった為、一月十五日にも開催され、それまで予備日としての色合いが強かった十六日と併せ開かれる様になった。その後、近代に入ってからは、「歳の市」とは言わずに「市町」と呼ばれるようになり、「市町」で扱われていた主な品物は、年末年始用品（当時は、旧暦で正月を迎える家が多かった）や農具、日用雑貨にボロ布や古着、植木市等も後に加わったという。社会思想家の幸徳秋水が、明治三十六年（１９０３）十二月二十七日付の平民新聞に、「世田谷の襤(ボ)褸(ロ)市」という一文を寄せている。その文中には、

> 世田谷の襤褸市に辛き浮世の機関(カラクリ)の不思議なる半面を窺い見よ。（中略）品物は襤褸六分に、荒物三分、おでん、濁酒、鮓(スシ)、駄菓子の飲食店、其外数種の見せ物興行（中略）穀類を除くの外は一として満足なるはなく、破れたる足袋の左は十文、右は九文なるがあれば、穴あける靴下の右は黒にて左は白なり。（中略）嗚呼、襤褸市、羽子板の如く美しからず、

お飾の如く上品ならねど、セチ辛き浮世の機関を吾等の前に開展して、如何に多くの教訓を与うるよ。

※一部を漢字に改めて、読点を付けている。

と記している。ここでいう「ボロ」とは、足袋、股引（ももひき）、シャツ、手袋、手拭、袷（あわせ）、単物等のあらゆる種類の布製品であり、中でも細長の布を二貫目（七・五kg）ぐらい買いこみ、背負った人達も多かったという。荒物は、硯箱、火鉢、大小の桶や盥（たらい）、下駄、雪駄、米麦、豆類等で挙げきれない程多種に及んだ。

秋水の手記から、繿縷の類いが六分（六割）に達する事から、俗称として題にもある様に「繿縷（ボロ）市」と呼ばれていた事が解る。ここで、述べておきたい事は、このボロ類が立派な商品だったという事である。

明治期の日本は、資本主義を導入し帝都である東京は、急速に大消費地になっていた事から、多種の中古品が段々と増加していった。ただ、この現象は、旧態依然とした農村では見られなかった。大量生産、大量消費の過程で生ずる中古品が、この市を介して農村に回り、農家では普段着や野良（のら）着の繕（つくろ）い、草鞋の補強等に再利用された。その需要は非常に高く、大方の品物が午前中で売り切れる事も多々あったという。

この後も毎年開催されたボロ市だが、正式な名称は「市町」と呼ばれ、昭和期に入り再び、

「歳市」ともいわれたという。流石に「ボロ市」を正式名称とするには、気が引けたのかもしれない。この名が正式名称となるのは、昭和期の戦後の事である。

当時の世田谷は、急激な都市化の波と生活様式の変化が生じて、ボロ市の主要品目も農具やボロ等ではなくなっていた。ボロ市の主要物品がボロの類いでなくなり、実体と俗称が乖離する事で、気が引ける要素が薄弱化した時、ボロ市の名は親近感をもった愛称、或いは俗称から公称になった。というか、なれたともいえるのではないか。

この四百年以上の伝統をもつボロ市は、二十一世紀の現在でも年末年始に開催され、大勢の人出で賑わう。平成六年には、世田谷区無形民俗文化財に指定された。

円光院前の鉤曲りで、旧大山道と世田谷通りは一旦分岐し、鉤曲りを過ぎて約五百mの直路をゆくと再び世田谷通りと交差する。家並みは、商いの店と住宅が雑居し、商店街とも住宅街ともつかない景観である。交通量は、世田谷通りの方が格段に多いが、道幅に関していえば、二つの道は大差ないように思われる。旧大山道は、交通量が寡で、道幅が広く、周囲の景観も手伝ってか、平時の際は閑散とした感じがしないではない。ここで、平時と述べたのは、ボロ市が行われない時を指しているが、有事のボロ市開催日は一変し、この道幅を生かし、両脇に出店が軒を並べ、道の中央部を人がごった返すのである。

ただ、平時の際に散策しても、この地が室町期に始源をもつ、宿場と感じさせるものは見出せない。寧ろ、見出そうという方が無理な相談なのかもしれない。

しかし、幸いにも旧上町の一角に、江戸期の宝暦三年（１７５３）頃に建てられたといわれる国重要文化財の世田谷代官屋敷が遺っている。

9 世田谷代官屋敷

江戸期の世田谷十五ヶ村（後に二十ヶ村）は、彦根藩三十五万石譜代筆頭といわれた井伊氏の所領であった。

寛永十年（１６３３）に江戸幕府は、彦根藩二代藩主井伊直孝に関東の地より五万石の加増を行った。内三万石は、後に本領の近江（現在の滋賀県）に替え地となったが、残り二万石は関東に残された。それが、下野国佐野（同栃木県佐野市）領一万七千六百九十三石余りと世田谷二千三百六石余りである。井伊氏では、佐野と世田谷に代官を置き領政に当たらせた。世田谷の代官の任についたのは、大場氏であった。

大場氏の出自は、諸系図等によれば桓武平氏の出で、坂東八平氏の一家である大庭景親の末裔という。より遡れば平安後期の永保三年（１０８３）に起きた後三年の役で武名を轟かせた鎌倉権五郎景政が遠祖にいるが、無論の事として諸説伝わり、正確な事は明らかではない。

平安末期の治承四年（１１８０）、源頼朝が以仁王の令旨を奉じ平家打倒の兵を挙げた時、景親は兄の景能と袂を分かち平家方についた為、後に斬死に至ったという。景能は、鎌倉幕府草創期に老臣として功があったが、子の景廉の時、謀反を起こし一族は滅亡したと云われる。

この後、大庭氏の子孫は三河国幡豆(はず)郡岡山（現在の愛知県西尾市吉良町岡山）に土着し、岡山姓を名乗ったという。お気付きの方もおられると思うが、この幡豆郡というのは、世田谷吉良氏の故地である三河国吉良荘とは同じ域内にあり、この土着時に両氏の間に接点が生じたと思われる。大場氏の家伝によれば、岡山から大場姓に改めた後に吉良治家に従って武蔵国世田谷に移住したとされる。

世田谷移住後は、吉良家の中で重きをなし、俗にいう吉良四天王（大場、関、白井、宇田川）に列したという。当初は、元宿（現在の世田谷四丁目付近）に居を構えたが、天正六年（1578）の新宿開設の時に現地に移ったといわれる。

豊臣秀吉による小田原戦役後、主家である東条吉良氏は没落し、それに伴って大場氏も帰農したと思われる。ただ、主家不在の世田谷では、重要な立場にいたらしく、江戸城に入部した徳川家康から世田谷領内に所在する勝光院領等の検地を天正十九年（1591）に命ぜられている。又、同時期に領内主要寺院の伽藍や仏像等の修理修復を行った。この頃の大場氏は、半士半農であったかもしれないが、本質的に在地小領主的武士であったと思われ、有力寺院への統制や関与は、証左の一例と考えられるし、後に代官職に就く事と無縁ではあるまいと思う。

実は世田谷代官職に視点を当てると複数人制時分を含め、約二百四十年間大場氏はその任にあったが、さらに大場氏に視点を拡大移行すると、北宿大場氏と上町大場氏の二家があった。前述したのは、上町大場氏である。

井伊氏が世田谷領領政を開始した寛永十年（１６３３）の初代代官職は、北宿大場氏だったといわれている。一説によると世田谷元宿や勝国寺の北側に居住した事から「北宿」と呼称されたという。北宿大場氏は、元文四年（１７３９）に失脚するまで単独で世襲した。失脚の事由については年貢引負（年貢未納、赤字）の罪で、所領家財没収の上、追放処分とされた。この出来事の後に、上町大場氏が代官職に就いたといわれる。つまり、北宿大場氏時分の代官屋敷は現在の場所と異なっていた訳で、今となっては、所在地等は不明なのである。さらに、加えるならば、初期の世田谷代官職についても分明でない事が多い。

代官屋敷とは、公設に造営されたものではなく、代官になった者の私邸を指し、後に必要な施設を増築する事が多かったらしい。

現存する表門（国重要文化財）は、長屋門の様な横幅はなく、工匠が意匠を凝らした彫刻もない。屋根は瓦ではなく茅葺きで、漆喰の白壁と木目が確認出来るぐらいの黒色の塗りを施した梁や柱と相俟って、質朴な門という印象を受ける。地方の代官や豪農、豪商等の屋敷で見た門よりは、小振りな感じがするので、調べてみると屋敷の規模としては名主クラスのものだそうだ。

表門の左脇から域内に歩を進めると、主屋の周囲に樹木が群生し、巨樹と呼べるものも少なくない。欅（ケヤキ）や樟木（クスノキ）、椨木（タブノキ）等である。

元来、椨木は温暖な海岸近く自生するもので、かといって太古の昔、この地が海岸線に面していたとも考えられず移植と思われる。移植とはいえ、推定樹齢二百年を超えるという樹勢は盛んな様子で、枝振りも良く光沢のある肉厚の葉を多く湛えている。

私は、椨木というと上野公園を思い出す。上野の不忍池は、太古は東京湾の入江に位置し、幾度かの氷河期を経て、次第に海岸線が南下し、凹地に残った海水がやがて池となった。それが、現在の不忍池で、太古の海岸線を今日に伝えている。後方の台地は、江戸期に「上野のお山」と呼ばれる程の高台だった。不忍池から「上野のお山」に行くには、必然的に坂を登らねばならない。仮に、そのルートを五條天神社付近の坂道とすると、途上に群生の椨木を見る事が出来る。それらの椨木は、移植ではなく、太古の海岸線の頃から自生し、種を絶やす事なく子々孫々と根をはっている。樹齢は解らないが、巨樹が多く世田谷代官屋敷のそれよりも大きい。

自生している上野公園の椨木は、不忍池と共に今では容易には想像しえない事、つまり上野付近が海だったという事を想起させる痕跡ともいえるのである。

椨木の後方に、代官屋敷主屋がある。木造茅葺き一部二階建てで建坪は七十坪程で、内部は天井が高く広い土間があり、入口の反対側には簡素というか質素な庭もある。一見、代官屋敷というより、富農の家屋といった感じだが、代官屋敷ならではの施設もある。それは白洲（しらす）である。時代劇の「遠山の金さん」等に登場する「お白洲」の事で、可視的に述べれば、四方を仕切り、白色の砂や石が敷き詰められている。「代官屋敷ならでは」と述べたのは、江戸期の代官所の多くは、訴訟の裁断や罪人と思しき人等を取り調べる役務があり、それを行う場所が白洲なのである。小路を隔てた所には、小振りながら白洲門もある。ただ、世田谷代官職は、彦根藩の地方組織である佐野奉行の指揮下にあり、時として、江戸詰家老配下の御元方勘定奉行等からも直接指示を受けていた為、地方行政機関として、然程強い権限は持っていなかった。世田谷代官には仕置権（法に則して処罰する）はなく、世田谷領内の訴訟等は御元方勘定奉行や佐野奉行が担当した。この為、世田谷代官屋敷の白洲では、彦根藩江戸屋敷や佐野で開かれる仕置等の下調べに使われたという。

白洲の先には、樟木の大樹がある。樹勢は盛んで、常緑で鋭角の葉を多々つけている。樟木の樹形というか樹姿は、杉等のように直線的ではなく、非幾何学的で、自由奔放に伸びる枝振りは、自然の活力といったものを感じさせてくれる。

この樟木は、代官屋敷に併設された郷土資料館の前に深く根付いている。

世田谷区立郷土資料館は、代官屋敷内の一画にあり、昭和三十九年（１９６４）九月十日に開館した。展示内容は豊富で、世田谷区に関連した史料を各時代毎にコーナーを設け紹介している。まず、入口付近の区内の遺跡分布を、電光掲示で表した地図に目が留まる。二階の展示物と勘案すると、先土器時代は多摩川流域の国分寺崖線上に多く見られ、川魚等の漁労を中心とした生活様式を想像する。出土品の中には、長野県中部高地産と推定される良質な黒曜石を素材とした石器があり、三万年以上前の人や物資の往来を微かに想察させる。縄文期には、国分寺崖線上と多摩川流域より多少離れた台地にも点在し、全体として増加しているのが解る。それに比例し、石器や土器等の出土品も先土器時代より増え、人口の増加を思わせる。ただ、事前に書物で知った事だが、世田谷地域の遺跡数の最盛期は縄文中期頃までで、後期と晩期は激減するという。原因については、気象状況の変化等による人口減少とか様々考えられているらしいが、明確には解っていない。

因みに、縄文中期以降の文化の最先端地域は、青森県の是川(これかわ)遺跡（前期〜晩期までの複合遺跡）や三内丸山遺跡（中期）、亀ヶ岡遺跡（晩期のものとして著名だが、前期〜弥生期の複合遺跡）等が知られるが、特に亀ヶ岡遺跡の遮光器土偶に代表される出土遺物は、全国の文化基準土器として、亀ヶ岡式土器と呼称され、全体を表して亀ヶ岡文化といわれる。亀ヶ岡文化の影響範囲は、東日本は元より西日本の畿内（現在の関西）にまで及び、正に時代の最先端地域だったのである。さらに加えると、当時の人口は東西で比較した場合、東日本の方が多いと推測され、文化面と考え併せれば、東日本中心の社会だったと思われる。

世田谷地域の遺跡減少は、縄文期の東日本最盛期と重なり合う訳で、東日本内で移住しただけかもしれない。

歩を進めると、古墳時代である。世田谷地域には多数の古墳が発見されている。概して二分類される事が多く、野毛(のげ)（荏原台）古墳群と砧古墳群と呼ばれている。両古墳群の創始は、凡そ四世紀末頃とされ、全国規模でいうと古墳時代前期にあたる。

数年前に野毛古墳群を代表する野毛大塚古墳と御岳山古墳を訪れた事がある。事前の漠然とした印象として、「野毛」という古墳名と群馬県と栃木県を併せた古代の分国名「毛野国」を連想しない訳にはいかなかった。毛野国は、その後、「上毛野国」と「下毛野国」に分割され、やがて、「上野国」と「下野国」になるが、上野国（現在の群馬県）には、四世紀前半頃から前方後円墳が造営され、その数は百基を超える。規模については、太田天神山古墳（同太田市）は全長二百十ｍで、東日本最大級といわれる。

古墳の数とその規模は、墓主の権力や権威、財力等と比例すると思われ、その影響がある程度、広域に及ぶ事は容易に想像でき、その一分布が野毛大塚古墳ではないかと思ったのである。展示史料では、発掘された世田谷の古墳には、前方後円墳と確認出来るものは少ない様である。ただ、野毛大塚古墳から程近い御岳山古墳の出土品には、七鈴鏡や短甲（古墳時代の鉄製の鎧の一部）、圭頭大刀（反りのない直刀）等があり、中でも七鈴鏡は、直径十五㎝程の青銅鏡で、周囲に七つの球状の鈴を付けているが、この形体は、群馬県内で出土した鏡と関連性が高いことを知り、以前の予想から、「なるほど」という感じで得心した。

館内には、他にも見るべき史料は多く、先記した「北条幻庵覚書」もこの館の所蔵である。中世以降の展示内容については、先述した東条吉良氏、後掲する井伊氏や吉田松陰等が紹介されているが、これらの人々については、他の章と重複するので、そちらに委ねたいと思う。

10 吉良氏ゆかりの寺社

代官屋敷の後方に、世田谷代官職を務めた上町大場氏の菩提寺で浄土宗の浄光寺がある。元々、上町大場氏の菩提寺は、後述する勝光院だったが、元宿より新宿に転居後の三代目大場盛長の時、勝光院の住職と大層不仲となり訴訟沙汰にまで発展した。この時、浄光寺の僧が仲裁に入り事なきを得たという。

この後、盛長は浄光寺に深く帰依し、それまで勝光院にあった一族累代の墓を全て浄光寺に移し、上町大場氏の菩提寺とした。門前には、まるで大きく深呼吸している様に四方に枝を伸ばした桜の一老樹がある。寺歴では、文安元年（１４４４）に創建されたが、数度の火災にあいその度に再建されたという。本堂の左奥には、上町大場氏累代の墓が区画され建ち並んでいる。ボロ市が行われ、代官屋敷がある旧大山道からは裏手にあたる為、ひっそりと静まりかえった感じがする。

浄光寺から西側に数分歩を進めると、曹洞宗の実相院がある。この寺は、吉良氏朝が隠遁した地で、没後に墓所となった。以前は、正妻の鶴松院の墓もあったという。

先に触れたが、氏朝時分の吉良氏は、大変な時期だった。家臣団は、吉良氏直属から実家といえる小田原北条氏に従属化し、豊臣秀吉の小田原征伐での北条氏の滅亡と吉良氏自体の没落と、氏朝個人の資質というより、中小の豪族的武士団が自立割拠しえた戦国中期から、数カ国を有する大勢力下に身を置き、果ては全国規模の統一勢力の前に没落するという時代に生を受けたのであって、氏朝個人の力量では如何ともしがたい時勢であったといえる。吉良氏と同様な家運を辿った武士団は、当時は無数といえる程多く、吉良氏はその様な武士団の一典型なのである。

天正十八年（1590）豊臣秀吉の軍によって、小田原城は陥落し、氏朝は所領を没収され、一時的に下総国（現在の千葉県）に居住したが、終の住処として蒔田ではなく、世田谷を選び隠棲地とした。氏朝が世田谷に帰郷するのは、早くても徳川家康が江戸に入部する天正十八年八月以降と思われる。以後、没するまでこの地に居住したと伝えられている。没年は、慶長八年（1603）とされているから六十一歳だったという事になる。正妻の鶴松院の墓も以前はあったというから、共に余生を過ごしたのかもしれない。一体どのような思いが去来したのであろうかと想察しても手掛かりになる様なものは伝わっていない。

正室の鶴松院については、諸系図によると北条氏康の娘とされ、永禄三年（1560）か同五年頃には、氏朝の正室として嫁入りし、その際、持参した「北条幻庵覚書」については先に触れた。その多岐細節な内容から、十代後半か十代前半で嫁いだのかもしれない。ただ、永禄十年（１５６７）十月の北条幻庵書状には、鶴松院の事を「息女」と記し、その希望で「太平記」を書き写し与えたとあるので、鶴松院の実父は北条幻庵と思われる。とすれば、幅約百五十三㎝に及ぶ懇ろな覚書にも合点がいく。幻庵にすれば、氏康は兄（氏綱）の子であるから、氏康の子は今でいうと四親等にあたり、この程度の親類の娘の婚儀に、毎度「覚書」の様な文書を送っていたのでは際限がないように思われる。尤も、特に懇意にしていた氏康の娘かもしれないが、永禄十年十月の文書から、幻庵自身の娘で小田原北条氏三代目当主氏康の養女として、吉良氏朝に嫁いだというのが実情と思われる。江戸期の文献によると、鶴松院の墓もあったというが、現在では確認出来ていない。鶴松院の名残としては、山号の鶴松山実相禅寺に名を見る事が出来、寺伝では、慶長十一年（１６０６）に卒したと伝えられる。

　この寺は、氏朝の隠棲地に建立したといわれているが、開基は氏朝とも頼久（氏朝と鶴松院の子で初め氏広）とも云われている。寺域を区画する塀の上から溢れんばかりに竹林や黒松、杉等の高樹が茂っている。山門左側の一画に意外なものを見つけた。高橋是清元首相の墓である。この墓は、永井如雲（川越藩士、画家、宮内省御用掛）が、若年期に是清の世話になり、髪を貰って後に墓にしたという。高橋是清は、昭和十一年（１９３６）に起きた二・二六事件の凶弾に倒れるが、庶民的人気は高く、実相院の墓もその一例と捉える事が出来る。

　山門から本堂に至る石畳の参道は、短いながらも樹相に満ち、左方は、墓石や梵鐘を草木が囲み、右手は、立木群の幹枝が高々としていて、浄域ではあるが、植物園とか自然園等にある

散歩道の様で心地好い。参道両脇には、数基の石灯籠があり、目を凝らすと、

武州東叡山　大猷院殿　仏前
慶安五年　四月二十日
佐倉城主　堀田正信

武州増上寺　有章院殿　仏前
正徳六年　四月晦日
越前国勝山城主　小笠原駿河守源信辰

武州増上寺　惇信院殿　尊前
宝暦十二年　六月十二日
伊勢亀山城主　石川主殿頭源總慶

と刻まれている。江戸幕府の徳川将軍家の菩提寺は、武蔵国（現在の東京都）の上野にある東叡（とうえい）山寛永寺と芝の増上寺の二ヶ寺であった。大猷（たいゆう）院は三代将軍家光の事で、同様に有章院は七代家継、惇信院は九代家重の院号である。つまり、これらの石灯籠は各将軍の霊廟前（仏前、

尊前）にあったものが、何かしらの理由で当山に移されたのである。恐らく明治期に入った時分であろうと思っていたが、後日、明治の混乱期の話柄を、詳しい方から伺う機会を得た。

参道の先には、入母屋造の本堂の正面に「鶴松山」の扁額が掲げられ、屋根瓦には、吉良氏の家紋である桐が寺紋として施されている。

本堂の左側前方に広がる墓域の中に、氏朝由緒の樹齢三百年余りの「巨大老欅趾」の碑があり、少し手前が氏朝一族の墓所となっている。入口付近には、氏朝の略記が記された石碑もある。桐紋を配した数基の墓は、大きくはなく、長い年月の風化からか、刻字が判別出来ないものが少なくない。中には、苔むしたものもあり、周囲の大多数を占める光沢を放つ御影石の真新しい墓石群もあってか、氏朝一族の墓域には、史的星霜を感じてしまう。

実相院は、明治初期に廃寺の危機にあり、本寺の勝光院との統合話があったという。事由は、檀家が非常に少なく十二軒だったといわれている。この時、吉良氏朝の菩提寺という由緒をもつ為、住職や檀家の方々の鋭意努力もあって何とか存続したという。

山門と反対側の入口にある、巨石を配した枯山水の庭や墓域一杯に広がる墓石群等を見ると、現在の寺運から廃寺の危機があったと想像するのは、ちょっと無理である。

実相院から世田谷線に沿う様に北上すると、勝光院の門前に出る。この寺院と世田谷吉良氏の由緒は深いが、寺歴が分明でない為、多少話が錯綜する事柄もある。

一説によれば、建武二年（1335）に世田谷城主であった吉良治家（「6　東条吉良氏一」を参照）が、開基した臨済宗の龍鳳寺が前身と伝えられている。天文十五年（1546）に吉良頼康が中興開基となり、この時かこれ以前に、寺号を勝光院と改めたという。天正元年（1573）に頼康の次代である氏朝が天永琳達禅師を招き以後、曹洞宗になった。

又、別の説では、天正元年に氏朝が亡義父頼康の為に、衰微していた龍鳳寺を再興し、頼康を中興開基として、寺名も頼康の法名である「勝光院殿脱山浄森大居士」の院号から、勝光院と改めたという。

寺には、氏朝の守本尊といわれる厨子に入った観音菩薩立像や世田谷城内にあったといわれる千手院の本尊千手観音菩薩坐像、そして、前述した「名残常盤記」の常盤の守刀の所蔵話（現存していない）や創作の「名残常盤記」の基になったといわれる「勝光院愛縁薬師縁起」の出元でもある。この縁起は、北条氏康の妹の崎姫が、薬師如来のお告げによって、白鷺の脚に自作の和歌を著した短冊を付けて放した処、吉良頼康が鷹狩りの際にこれを捕え、後に二人の縁結びになったという内容で、縁起に登場する薬師如来が江戸期まで伝来していたというが現在は失われている。

ただ、これらの話は、江戸期から概して懐疑的に見られていた。

例えば、「江戸名所図会」には、

「愛縁薬師如来、丈二尺斗（像高約六十㎝）、木像、運慶の作なり……中略……相伝ふ、往古北条氏康卿の息女（実際には妹）崎君、常に此霊像を崇信し、天文六年（1537）の春、此尊像の霊示により……中略……、終に永禄元年（1558）世田谷御所頼康卿の室となられし事、縁記に見えたりといへとも、中興のものにして尤拙文ことに疑ふへき事少からす……」云々

とか、「世田谷私記」には、文化九年（1812）に著者である穂積隆彦がこの薬師如来を見聞し、「此愛縁仏の縁起は、中興の偽作なり」と伝え、信憑性に欠けている事を述べているが、これらの評は現在でも大差なく同様である。

創作とされている「名残常盤記」の守刀の所蔵話や同記の基になったとされる「愛縁薬師縁起」の薬師如来の件等も錯綜する一例である。

これらを事前に知見し、歩を寺内に進めた。山門から本堂に至る参道は、緩やかな段丘状になっており、山門の間から低い傾斜の石段と本堂が垣間見える。右手には、竹林が広がり、体感しえない微風を受け葉を靡（なび）かせている。左手は、墓域になり左奥へと列していて、その中に吉良氏一族の墓域がある。

一（ひと）まず、石段を上がると本堂前の空間に出る。正面に、入母屋造桟瓦葺きの本堂と両脇には、松等を植えた園があり、左右に客殿と大庫裡が建ち、右後方には鐘楼が見え、浄域らしく清然

としていて、寺景として申し分ないように思われる。一般には公開していないようだが、本堂右奥の書院は、江戸後期の文政六年（１８２３）に造営された寄棟茅葺造で、世田谷区指定有形文化財になっている。

石段を下り、吉良氏の墓域に向かうと周囲は塀で仕切られている。墓石は、宝篋印塔や五輪塔、方柱形墓標など多種だが、刻字は風化し判読出来るものは多くない。事前の知見から、この墓石群の中に、開祖と云われる治家や中興開基の頼康、頼康の室で「勝光院愛縁薬師縁起」の伝承をもつ崎姫らの墓、若しくは供養塔が当然あると思っていたのだが、それらはなく、案内札によると、氏朝の孫である義祇（よしやす）以降の墓石しか確認できていないという予想外の事に出会（でくわ）した。

勝光院は、天正十九年（１５９１）に江戸入部間もない徳川家康から寺領三十石を与えられている。この寺領は、世田谷城下の寺院では最大級で吉良氏治政下のそれを踏襲していると思われるし、吉良氏の有力家臣団であった大場、関、宇田川、白井の吉良四天王の各氏も菩提寺としていた。確証はないものの先に挙げた寺伝等からも中世の頃より吉良氏との何らかの強い関わりが推察される。

多少当惑したが、暫し沈思すると気になる人物が浮かび上がってきた。崎姫である。通説では、堀越（ほりこし）今川貞基を夫とし子を設けたが、堀越今川氏没落後、実家の北条氏に子と共に帰参した後、子を連れ吉良頼康と再婚し、子は氏朝と名乗り吉良氏を継いだ。氏朝は、崎姫の兄である北条氏康の娘（鶴松院、実際には養女で、実父は氏康の叔父である北条幻庵と思われる）を正室として迎えた。という事になっており、氏朝夫妻ゆかりの実相院については先に紹介したが、実は崎姫と世田谷を関連づける歴史的証跡は、現在では通説とされている「勝光院愛縁薬師縁起」以外、他の寺社の伝承等を含め殆どないのである。頼康の正室で、次代氏朝の生母であり、関東の覇権を握った北条氏康の実妹である崎姫について、「縁起」の他は僅かな伝承しかないのは、多少なりとも違和感を覚えた為、崎姫の足跡を振り返るべく、該当書籍を数書調べてみた。記述については、大同小異という感じなので、各書より要項を抄出すると、概ね次の様になる。

崎姫（山木大方・高源院）生年未詳、父は北条氏綱で氏康の妹。遠江見付城（現在の静岡県磐田市）城主堀越（ほりこし）今川貞基（六郎）の正室。婚儀は、子の氏朝が天文十一年（１５４２）に出生している事からそれ以前と思われる。同七年から起きた河東の乱で同城を追われ、実家である小田原に身を寄せたと伝えられている。弘治三年（１５５７）九月に、伊豆修禅寺（同伊豆市）に対して、夫貞基（六郎）の菩提所を同寺塔中の正覚院とする事を依頼している為、これ以前に貞基は没したと思われる。崎姫は、少なくともこれより以前から伊豆山木（やまき）郷（同伊豆の国市）に居住し、「山木大方」と称されたという。天正十四年（１５８６）に、北条氏五代当主氏直が崎姫の菩提寺として高源院（同神奈川県小田原市）

を建立しているので、没年は、同十三年か同十四年と思われる。
とあり、吉良頼康との婚儀にふれていない。どうも世田谷には、来ていないようである。参考までに、貞基についても記すと、

堀越貞基（通称六郎）生年未詳、遠江今川氏の子孫。父は貞延、妻は北条氏綱の娘、山木大方。大永六年（1526）に連歌師宗長が上洛途中に貞延邸に寄っている。天文六年（1537）に起きた今川氏の家督争いである「花蔵の乱」で、北条氏に味方し、後に家督を継いだ義元に反した為、後に攻められ自害したといわれる。又、別書には永禄六年（1563）に今川義元の子、氏真（うじざね）によって滅亡したともいう。

明らかにされている事柄は多くはないが、氏朝の出生年が天文十一年なので、実父である貞基もこの年の前後ぐらいまでは、存命であったと思われる。
念の為、同様に吉良頼康についても記す。

吉良頼康（初め頼貞）生年未詳、天文十八年（1549）九月〜同十九年九月までの間に頼康と改名する。「康」の一字は、北条氏康からの「一字名下賜」と思われる。永禄三年

（1560）十二月までには、氏朝を養子とし永禄四年二月までには家督を譲り、一説には同年十二月五日に死去したと伝わる。

世田谷に焦点を当てると、通説とされている頼康と崎姫の婚儀は、世田谷地域以外では、史実とはされていない様である。

仮定の事として、崎姫が貞基と離別（死別）し、頼康と再婚したとする。時期的には、氏朝の出生年である天文十一年（1542）以降から、頼康が氏康より「一字名下賜」を受け改名したと思われる天文十八年（1549）～同十九年九月の間か、遅くとも氏朝が吉良氏の養子となった永禄三年（1560）十二月以前というのが妥当と思われる。この期間の崎姫について知り得る動静は、弘治三年（1557）九月の時点で既に伊豆国山木郷に居住し、修禅寺の塔中に亡夫貞基の菩提所を依頼している事である。弘治三年という年は、氏朝の吉良氏相続と頼康死去の四年前にあたる。再婚先で夫（頼康）が存命の上、実子である氏朝が吉良氏嫡子になっている状況で、崎姫だけ実家である小田原北条氏に戻り、その領内に居住し、前夫（貞基）の菩提を弔うというのは、往事としても現代の感覚からも考えにくい。

史実として、頼康と崎姫の婚儀を裏付ける実証性の高い史料はなく、二人の婚儀はなかったとみるのが妥当であろう。ではなぜ世田谷地域では、二人の婚儀が通説として、膾炙しているのか考えてみた。

恐らく、事由は不明だがともかくも頼康は嫡子に恵まれなかった（事由があったとすれば、それが「名残常盤記」の原形なのかもしれない）。そこに目を付けた北条氏は、東条吉良氏の遥か遠縁にあたる堀越今川氏の血筋で、北条氏の血脈もひく氏朝を養子として吉良家に送り込んだ。吉良氏と北条氏の和談としての婚儀はなく、北条氏からの一方的で上意的な措置と思われる。ましてや、吉良氏から氏朝を養子として望んだとは到底考えられない。これは、一種の御家乗っ取りといえ、武家の名門である吉良氏にすれば、新参勢力の北条氏の強圧的な方策（氏朝を養子にする事）に服従するしかなく、ある種、屈辱的でもあったのではないか。そして、これらの印象を少しでも和らげる意図があって、頼康と崎姫の婚儀が人々に膾炙し、附会と思われる「勝光院愛縁薬師縁起」が生まれたのかもしれない。

実状を把握する事は、今日の史料状況からは困難である。吉良氏治政下の世田谷で、最大寺領を有したと思われる勝光院ですら、氏朝の孫の代からの墓しかないのである。

もしかすると、天正十八年（１５９０）に豊臣秀吉が小田原征伐を起こした際、世田谷城下も秀吉軍の占領下に置かれた事は先に述べたが、その時に、勝光院は壊滅的打撃を受けたのかもしれない。因みに、北条氏の菩提寺である早雲寺（現在の神奈川県足柄下郡箱根町）は、小田原征伐の際、秀吉の本陣となり、北条氏歴代当主の墓域は破壊された。現在は整然と区画され、初代早雲から氏綱、氏康、氏政、氏直の五人の方柱形墓標が並列しているが、それは、江戸期に北条氏の末裔によって復旧されたものである。勝光院もこの時に、伽藍や仏像、寺歴文書等の伝来寺物を、失ったのかもしれない。現在の勝光院に残されている仏像や絵画類、梵鐘等は、一部を除いて殆どが江戸期の制作とされているのは、その事を物語っているのかもしれない。

吉良氏朝の墓は世田谷に存在するが、氏朝の義父と実母の墓は世田谷にはない（ただ、頼康に関しては、近郊の武蔵国荏原郡衾村〈郷の所在は不明、現在の東京都目黒区八雲〉の東岡寺〈同東光寺〉に、吉良頼貞〈頼康〉の墓が伝えられている。私は、改名前の「頼貞」の諱で案内されていた為、少し気になり、当地を訪ねた折、寺の方に伺ってみた。すると、実は寺の方でも詳細については、よく分からず、多分に伝承の色合いが強い、とのお話であった。この寺に関する書物を拝読しても、その範疇に留めている例が多く見受けられ、信憑性としては、高くないようであった）。氏朝とすれば、名門武家に養子として入った者として、義父である吉良頼康の法要は、孝養の面からや世間体、今後掌握に努めなければならない家臣団の手前からも何かしら行ったはずである。

私などは、氏朝が亡義父頼康を中興開基とし、寺号も頼康の院号から龍鳳寺を勝光院と改めたとする寺伝については、大いに有り得るのではないかと考えている。ただ、主として史実性の裏付けが乏しいから伝承なのであって、逆に伝承を否定する程の信憑性の高い史料がある訳ではない。よって、多分に推量的にならざるをえないのである。

但し、世田谷地域では通説とされている吉良頼康と崎姫の婚儀については、史実ではないと

いえると思う。これは、通説とされているものの中には、実証性の高い史料から成り立ってい
るのではなく、人々の間に長く伝承流布され、それが当然というように認知されてしまう場合
があるという証左といえるのではないか。

勝光院から、ほぼ真北に進路をとる。右側の住宅街の合間からは、時折、世田谷線の線路が
見える。五、六分も歩くと、宮の坂の交差点に出、左手に進路を変えるとすぐに、世田谷八幡
宮の朱色に塗装された大きな鳥居が見える。

世田谷八幡宮は、段丘上に造営されている。社域の最も低い所に鳥居があり、その右後方に
は弁天池が水と鯉を湛え、弁財天とも厳島神社ともいわれる社が鎮座している。その社の裏側
には、毎年九月に行われる奉納相撲の土俵があり、周囲には半円状に古代ローマの競技場を連
想させる階段状の観覧席が広がっている。観覧席の上が台地になっており、世田谷八幡宮の本
殿がある。

社伝によると、創建は平安後期といわれる。後三年の役（1083〜1087）で、陸奥の
清原氏の内乱を鎮圧した源義家は、帰路この地で十数日の間、逗留する事になり、源氏の氏神
でもある八幡宮の総本宮といわれる宇佐神宮（宇佐八幡宮）を勧請し、同行士卒に奉納神事と
して相撲を取らせたという。先程の土俵に、それが受け継がれているのである。

日本には、八幡の社は非常に多い。その数は約四万社ともいわれる。この社の数値は、他の

神々の社を圧して、ダントツなのである。主な理由として挙げられるのが、源氏の氏神だった事である。源義家は、武家の棟梁として名高いが、京の石清水八幡宮で元服した為、八幡太郎義家という威称もある。加えて、鎌倉幕府を創設した源頼朝、室町幕府の足利尊氏、江戸幕府の徳川家康らは皆、源氏の末裔を称し、約七百年に亘る武家社家の頂点を殆ど源氏が占め、源氏が子々孫々繁栄する過程で、氏神である八幡の社も普遍的数値に達していくのである。私は八幡宮の総本社として名高い、大分県宇佐市にある宇佐神宮を訪ねた事がある。白砂利の広いというか厚みのある直線状に延びた参道と大鳥居、国宝や重要文化財を有する宝物館、奈良期に起き、宇佐八幡宮の神威を全国的に知らしめた道鏡の天位神託事件、宇佐平野を見おろす台地に造営され、国宝に指定されている八幡造の三つの社等、忘れ得ぬものが多かったが、約七万坪ともいわれる社域を散策しながら、約四万社を教える八幡宮と千何百年という期間に関係した有名無名の八百万（やおよろず）の人々（無論、戦国期に鶴岡八幡宮を修復した北条氏綱や吉良頼康も含まれる）について尋思した時、宇佐神宮の比類なきといっても過言ではない、壮大で歴史的な影響度を感じずにはいられなかった事を思い出す。

ともかくも、八幡の社は多いのである。

総本宮の宇佐神宮から、勧請された世田谷八幡宮には、天文十五年（１５４６）に修築造営した棟札の写しが残されている。

天文十五年丙午八月廿日新立同十二月十六日上棟同廿日癸卯

當社八幡宮新奉建立大檀那源朝臣頼貞（花押）

とある。他の説では、この棟札は修築造営ではなく、この時に創建されたともいわれる。

尚、文中の「源朝臣頼貞」とは、吉良頼康の事で、吉良氏の出自が源氏だった為、八幡宮は氏神だったのである。当社には、この時に頼康が奉納したと云われる「雲次の太刀」が、社宝として現存している。

社殿は、コンクリート製の権現造だが、その社殿の中に文化十年（1813）に再建されたと伝わる本殿が、そのまま建っている。本殿の周りには巨樹が散見され、鎮守の社といった雰囲気を醸し出している。その中を逍遥していると、末社の中に高良（こうら）社を見つけた。この社の総本社も九州にあり、築後国（現在の福岡県）の一ノ宮である高良大社である。歴史的にも宇佐神宮と同様に古いが、十一世紀中葉頃から、興盛する八幡信仰の中に取り込まれ、やがて、「八幡神輔弼（ほひつ）の功神」と呼ばれるようになった。

末社の為、簡素な見世棚造の小さな社殿だが、ある趣、質素で蒼古（そうこ）とした風で、八幡宮と共に、九州の古社を思うには十分だった。

11
世田谷城と幻の寺院

世田谷八幡宮から、世田谷線宮の坂駅前の踏切を越え、道なりに四、五分いくと、「世田谷城址公園」がある。「城址」といっても、天守閣や櫓がある訳ではない。園内にあるのは、勾配の急な凹凸の堀である。堀といっても区画設計された戦国末期や江戸初期にみられる様なものではなく、河川の急流によって形成された渓谷にも似ている。ここは、中世の頃に吉良氏の居城だった世田谷城の最南端の低地の部分と推定されている。

世田谷城は、この低地から後方の標高三七mの舌状台地上に築城され、城域は最大で南北約四百三十五m、東西約三百m、総面積は約九千二百㎡と推測されている。一説には、この舌状台地は世田谷区内で一番高い標高といわれているが、実測ではそうではない（後日談だが、詳しい方によると、世田谷区砧にある東京都水道局大蔵給水所の辺りが、区内で最も標高が高いとの事であった）。

そして、台地上に築かれた世田谷城の東西南側を烏山川が半円を描く様に大きく蛇行し、水堀の役割を担っていた。

又、城の周囲には、南側の東西を横断する大山道（矢倉沢往還）、東方の南北を縦断する鎌倉道、さらに北側には、甲州街道に抜ける滝坂道（甲州古道中出道）等が集中し交通の要衝でもあった。そして、広域的にみれば、それらの街道が東西南北に延び、鎌倉や江戸城、小田原城等の政治軍事の主要地を結び、関東一円に広がる城塞網の一翼を担っていた。

これらの事を勘案すると、世田谷城は典型的な中世の平山城に類すると思われるが、吉良氏の動静と同じ様に分明でない点が多い。築城年代もその一つで、武蔵国深大寺の僧が記した「私案抄」という文献に、「応永三十三年（１４２６）に世田谷吉良殿逆修時」云々という旨の一文がある。この一文は、世田谷の吉良氏（恐らく頼治か頼氏と思われる）が、逆修（生前に、自身の為に仏事を修して死後の冥福を祈る事）を行ったという事で、吉良氏が世田谷に居住したと思われる最古の史料とされる。これにより、世田谷城の築城年代を応永三十三年以前であろうと推測されているに過ぎない。史料内容から判断するに、築城年代として扱うには、性急なのではないかとも思う。なぜなら、「私案抄」の一文からは、吉良氏の居住地が、現在の世田谷城とは、断定できないからである。

ただ、城郭構造については、行政の方でも七次に亘る調査がなされており、判明している事も多い。調査記録を参照すると、主郭と思われる曲輪を中心に幾重の土塁と堀、五つ以上の帯状や長形等の形状をした曲輪からなり、後方の広い面積を占める江戸期に造営された豪徳寺の域内にも土塁の遺構が確認出来るという。城跡推定地域を豪徳寺を境に南北に分けると、防御施設は南側の世田谷城址公園付近に集中している様にも見えるが、台地から傾斜する地形を巧みに活かした築塁とも考えられる。台地上の平地には、主に平時の際に使用された城主の館等があったと推察するのが一般的と思われるが、果たして、応永三十三年当時、吉良氏の当主はここに居住していたのであろうか。

調査の際に出土した品々には、石器や陶磁器、銭貨等がある。陶磁器については、僅かといえる数だが舶来品が確認されている。十四世紀頃の中国越州窯系の物や十四〜十五世紀頃の宋胡録（現在のタイ・サワンカローク窯）の青磁器、十五〜十六世紀頃と推定される中国景徳鎮窯系の陶磁器で、特に磁器については、日本国内で最初に生産された有田でも十七世紀以降なので、それ以前のものは、貴重な舶来品といえる。ただ、越州窯や景徳鎮等の青白磁器は、世界的に有名で東洋だけではなく西洋にも知れ渡っていた。それだけに、需要も高く供給も多かった。とはいえ、市井の人々が容易に手に入れられる程の供給過剰ではないので、一定水準を保った貴重な品だったのである。出土した陶磁器が推定制作年代間もない頃から世田谷の地にあったのか、後代に他の地から運ばれたのかは定かではないが、中世の吉良氏治政下にあった世田谷城内で使用されていたと想像するのが自然であろうし、寧ろ、武家の名門である吉良氏と貴重な舶来品である陶磁器が結びついてしまう。因みに、異国物以外の国内産の器は、瀬戸焼や美濃焼、常滑焼等の中部地方のものが多いという。

次に銭貨だが、十一枚の出土品の内、判読可能なのは八枚で、全て渡来銭（中国銭）である。中世の日本では、宋や明時代に製造された中国からの渡来銭が流通していた。判読可能な八枚は全てこれに該当し、製造年代は、十一世紀から十五世紀の期間と推定され、中には戦国武将の旗印になるぐらいよく知られた永楽銭（永楽通宝）もあったという。出土した銭貨が、製造された中国から日本に渡り、世田谷の地で流通を停止するまでの間、一体どれくらいの、そして、どのような人々の手に触れられたのかと思いを巡らすと際限がないくらい様々な情景が想像できるが、かといって、実際には一個人の想像力を遥かに超えた出来事を流通してきたとも思ったりする。

銭貨の次に述べる出土品はこれまでの時代と隔絶した縄文中期の加曽利E式土器である。他には、黒曜石の石器も発見されている。そして、後方の台地上にある豪徳寺内からは、弥生後期と推定される大谿山遺跡も見つかっている。周囲より標高が高い為、眺望に優れていたと思われる。人が居住地を選定する基準のようなものは、時代によって差異はあるものの太古より、基本的に同質といえるのかもしれない。

残念なのは、第七次調査が行われた一帯が、伝承によると中世の千手院（勝光院所蔵の千手観音を本尊にしていたと伝わる寺院。近世には、勝光院の側に移転したと云われる）の一部と重なるが、関連するものは見つかっていない様で、大袈裟に述べれば、千手院は幻の寺院といえるかもしれない。

実は、幻というか所在が確定されていない寺がもう一つある。それは、弘徳院である。

弘徳院の推定地は、現在、豪徳寺がある一帯だが、豪徳寺の寺伝では文明十二年（１４８０）

に吉良政忠の伯母若しくは、政忠自身が伯母の為に、創建したとも云われている。

又、豪徳寺内からは、同寺が創建される以前の墓と推定されている宝篋印塔が、三基発見されている。三基の内、一基は基礎部分しか現存していないが、他の二基については、不明な部分もあるが刻字を判読出来る。墓石正面に「弘徳院　殿久栄　理椿　大姉」、左右側面に「文明十二年庚子」、「十二月二日」とある。これにより、弘徳院という女性（「大姉」）が文明十二年十二月二日に没し、その墓石という事が解る。もう一方は、正面に「洞春院　照岳　旭□大居士」、左右には「文亀二年壬戌」、「六月□□」と刻銘（□は判読不可能）され、文亀二年（1502）六月に没した洞春院という男性（「居士」は男性に付けられる法名で、特に「大居士」というのは、戦国、江戸期を通じて大名級の人達にのみ使われた法名であるから、洞春院という男性も相当身分の高い人物だと思われる）の墓である事が知見出来る。世田谷地域で文亀二年に「大居士」という法名が付される家柄は、吉良氏が有力である事、この男性が没する二十二年前に、寺名と同じ法名をもつ弘徳院という女性が死去している事から、洞春院を吉良政忠、その伯母を弘徳院と比定し、政忠が伯母の菩提のために法名と同じ弘徳院を創建したどか、その伯母自身が造寺したというのが説の論拠なのである。発見された三基の墓石は、時代考証的にも、当時のものとされている。

文字史料としては、天正十九年（1591）に上町大場氏が実務を担当した検地の記録（勝光院検地帳）にも弘徳院の名が記載されている為、実在はまちがいないと思うが、問題は所在である。関連書物には、先の三基の宝篋印塔が寛政年間（1789〜1801）に豪徳寺内で発見された為、他の地から移された可能性を指摘し、弘徳院が豪徳寺の域内にあったとする説に疑問を投げ掛ける見方もある。現状では、確証を得る史料がないので、一見解として出されて当然だと思うが、どうなのであろうか。

個人的な所見としては、世田谷城下の寺院は罹災等により寺歴の多くを失っているとはいえ、大吉寺、円光院、浄光寺、実相院、勝光院、常在寺、勝国寺には、どこからか移転したという記録や伝承はない。そして、天正十九年に世田谷領内で確認されている弘徳院の伝承の類いは、豪徳寺以外どこにもないのである。多分に、弘徳院以外の寺院は、創建当時と同じ場所に建ち続けているのではとも思える。弘徳院の場合、豪徳寺と同じ場所（寺域は現在の豪徳寺ほど広大でないにしろ）にあったとすると、世田谷城内か城から極めて至近に、血族の菩提寺を建立するのは自然な事と考えられる。加えて、時代考証からしても当時のものと確認されている三基の宝篋印塔の発見やその三基の墓石が、他の地から移された可能性はあるものの、どこからかという疑問には、豪徳寺の他に伝承地がない現状では返答に窮する訳だし、やはり、豪徳寺の前身が弘徳寺というのが、有力な説として挙げられると思う。ただ、所在未詳という今日の状況から、弘徳院も千手院と同様に幻の寺院といえるのではないか。

そして、弘徳院や千手院について述べるにあたり、つらつら思う事は、中世の時分に武家の名門として知られた吉良氏の寺院が、斯くも未詳な変遷を辿(たど)るについては、没落した武家の宿命的な事象とはいえ、少なからず寂寥を禁じえない。

改めて世田谷城について考えてみた。そういえば、この城が戦塵にあった史料は、「石川忠総留書」による享禄三年（１５３０）の時の一度しかない事を思い出した。そして、現在の世田谷城址公園から、往時を偲ぶ主たる景観は、急勾配の土塁と堀のみで当時の石垣はない様である（当時からなかったのかもしれない）。一書には、江戸城の桔梗門脇に「世田谷」と刻字された石垣があり、恐らく、世田谷城から運ばれたというが、実際の処、どうなのであろうか。

12 豪徳寺 ―彦根三十五万石 井伊氏―

世田谷城址公園から来た道を少し戻ると、登り坂の参道の両脇には、よく剪定された赤松が立ち並び、根元には白毛に茶色の毛が混ざった猫が寛いでいる。参道を伝ってゆくと、切妻造銅板葺きの表門が、来訪者を出迎えてくれる。上部に目をやると、彦根藩三十五万石の井伊氏の家紋である平井筒が施されている。ここは、井伊氏の菩提寺、大谿山豪徳寺である。

彦根藩は、井伊直政を始祖とする。そもそも井伊氏は、藤原北家庶流の藤原共保(ともやす)が、平安中期頃に遠江国引佐郡井伊谷（現在の静岡県浜松市）に土着しはじまったと伝えられている。戦国期には、共保から十三代目と云われる直平がおり、有力大名であった今川氏の傘下にあった。直平の娘と今川義元の家臣である関口氏との間に、徳川家康の正室になった築山殿が生まれている。直平の生没は不詳だが、子息や子孫達には、戦国期ならではの苛酷な運命が待ち構えていた。長男の直宗は戦死、次男直満、四男直義は、今川義元に謀殺され、直宗の子直盛は桶狭間で戦死し、井伊氏を継いだ直満の子直親は義元の子今川氏真(うじざね)の奸計により殺された。正に戦国乱世の阿鼻叫喚といえる苛烈な家史といえよう。

後の彦根藩藩祖となる井伊直政は、直親の長男として出生し、父とは二歳で死別している。井伊氏の当主としては、十七代（一説では二十二代）にあたる。直親の代に所領を没収された為、今川氏の目を避け親族や家臣に養われながら、各地を流浪し成長したという。十五歳になった天正三年（１５７５）に、徳川家康と対面し家臣団に列した。流浪生活は、実に十数年に及んだ訳で、近隣の領主だった家康もある程度の事は既知だったと思われ、自身が幼少時分に織田、今川氏への人質時代に経験した艱難辛苦と直政の境遇を重ねたのかもしれない。この時、家康は「汝は吾がために命を落せし者の子なり」といって、井伊氏の旧領である井伊谷二千石と万千代という名を与えた。この後の直政の戦歴は凄まじい。斜陽だった家運は一変し、上げ潮になるのである。

天正四年（１５７６）の十六歳の時、直政は初陣で大功をあげ一万八千石を加増され、同十年（１５８２）の武田征伐でも武功をたて四万石になった。この時、武田二十四将の飯富兵部麾下で勇軍として知られていた「赤備え隊」を配下に収め、後に「井伊の赤備え」とか「赤鬼」等と敵軍から恐れられるのである。同十二年（１５８４）の豊臣秀吉と戦った小牧・長久手の合戦、同十三年（１５８５）の第一次上田城の戦い等で戦歴を重ねた。やがて、直政は、酒井忠次、本多忠勝、榊原康政と並び、徳川四天王と呼ばれるまでになる。直政以外の三人は何れも三河時代からの譜代の臣で、年齢に関しては、忠次は三十四歳、忠勝と康政らとは、十二、三歳、直政より年長である。そして、当然の事ながら三人とも歴戦の猛者であり、この三人と共に四天王に列するのは、直政が並大抵の武将でなかった事を如実に示している。流浪の身からこれだけ累進できた根底には、知勇に秀でた武将であった事に加え、幼少期の辛酸が修養の場となり、直政の人格形成にプラスに働き、他の三将より若年ながら、早熟の人であったという事が推察される。

天正十八年（1590）に家康が秀吉により関東に封じられると、直政は上野国（現在の群馬県）箕輪城十二万石の所領を与えられた。十二万石という石高は、四天王は元より徳川家臣の中で最大で詰まる所、直政は徳川家譜代筆頭の地位に就いたのである。続く、慶長五年（1600）の関ヶ原の合戦では、本多忠勝と共に監軍（軍勢を監督する役目）という重職にあり、東軍の先発隊の諸将を統率した。関ヶ原の合戦の大勢が決し、敗軍となった西軍の兵が四散していく中、西軍にあった島津義弘は、敵軍の中央を突破し戦線離脱を計るという、有名な「島津の退き口」を敢行したが、この島津勢を猛追したのが、直政の赤備え隊であった。この時、直政は島津勢の鉄砲により負傷し、追撃を断念している。この後、西軍の実質的な主将であった石田三成の居城佐和山城を攻略し、合戦後の騒然とした世情の鎮静化に努め、一カ月後に佐和山城十八万石に封じられている。いわば、勝者が敗者の地を征圧し新領主になった訳で、加えて、民政家として優れていた三成の善政は領民から慕われており、領民の感情は複雑だったにちがいない。直政も思案し、領内の三成評が良い事を知ると、配下の者達に三成の悪言を禁じ、勝者の驕りたる圧政ごときは行わず、結果として、井伊氏が領民から信認を得る要因になったと伝えられる。幼少期の苛酷な日常からの事上磨練が、このような人情を得た思慮深い治政に表れていると思う。

又、直政が関ヶ原の合戦の際に、島津勢の鉄砲により負傷した事は述べたが、合戦後の対外交渉で家康が最も難儀したのが、島津氏だった。その島津氏が、家康の仲介者として頼ったのが直政なのである。戦国の世から隔絶した現代からは、中々得心しづらい思考との印象を持つが、直政の死因が先の鉄砲傷であったと云われている事を知ると尚更との思いが強まる反面、直政の人的深遠さも感じられてならない。

直政の佐和山治政は、残念な事に一年余りに過ぎず、慶長七年（１６０２）二月一日死去、行年四十二歳、死因は先の傷が悪化したとも再発したとも云われている。

死に際して、次の辞世を残した。

祈るぞよ　子の子のすへの　末までも

守れ近江の　国津神々

風前の灯といえた井伊家を、流浪の身から一代で、江戸幕府徳川将軍家譜代筆頭の家柄にし、十八万石の大名までにしたという栄達の類いは微塵も感じられず、寧ろ、切実というか哀願とも受け取れる辞世である。直政の墓は、彦根城下の清涼寺にある。

直政は、最晩年の頃には佐和山城から他へ、移城を計画していたらしいが、途中で死去した為、次代の直継（なおつぐ）の時に実施された。慶長八年（１６０３）から元和八年（１６２２）まで続いた移城普請は、幕府より三人の奉行が派遣され、近江国（現在の滋賀県）周辺の十二家の大名を動員し、徳川将軍家や親族の城を造営する天下普請に準ずる扱いを受けた。徳川幕府内での井伊氏の軽重の度合いが知れよう。

ただ、二代目藩主直継は元来病弱だったらしい。慶長十九年（１６１４）の大坂冬の陣では、直継は病床にあり、代理として異母弟の井伊直孝（なおたか）が出征した。翌慶長二十年（１６１５）二月に、家康は直継を隠居させ、直孝に彦根藩を継ぐように命じている。間近の大坂夏の陣を控え、東国から畿内に入る要衝の地、彦根を任せるには、病弱な直継では心許なかったのであろう。直継には、十八万石の内、上野国安中の三万石を与え、直孝の所領は彦根領内の十五万石とし直政の後を継がせた。ここで、「直政の後を継がせた」と述べたのは、井伊氏や地元の資料では二代彦根藩主は、直継ではなく直孝になっており、大袈裟に言えば、直継の治政は抹殺されている。真偽の程は不明だが、関連書籍には大御所家康の君命により、直孝が直政の後継者となったとするものが多く、この事が強く影響していると思われるが、順当に考えれば、二代直継、三代直孝であろう。

直孝は、後に井伊家中興の名君といわれた逸材であった。武勲においては、大坂冬と夏の両陣で活躍し、特に夏の陣では、大坂方の勇将木村重成を討ち果たし、大坂城内には先鋒として攻め入り、豊臣秀頼、淀君母子の自刃を確認するという働きをみせた。元和元年（１６１５）に五万石加増、同三年（１６１７）にも五万石を加増された。直孝は戦乱が終結した太平の世にあっても幕政に参画し功多く、寛永十年（１６３３）にも五万石加増され、都合三十万石という大封を知行するまでになる。この寛永十年の加増地に世田谷領二千三百六石余りが含まれるのである。

よく、彦根藩三十五万石といわれるが、これは本領の三十万石の他に幕府御用米の城付米二万石があり、城付米分を俵高に換算すると五万俵となり、五万俵を知行高にすると五万石に相当する事からいわれるようになった。

直孝は、徳川将軍家の秀忠、家光、家綱の三代に仕え、幕閣として重きをなした。一説には、大老の酒井忠勝や酒井忠清らの上位に座し幕政を司ったといわれる。三代将軍の家光は臨終に際して、直孝を特別な輿で登城させ後事を託したという。

彦根藩井伊家は、直孝の代に所領や家格、幕府内での地位を確定したといってよく、故に中興の名君といわれるのである。

直孝は、万治二年（１６５９）六月二十八日に七十一歳で没したが、四代将軍の家綱は自ら三日間潔斎し、臣下には歌舞音曲を七日間禁じ、大功の忠臣直孝の弔いとした。

直孝以降の歴代藩主は、代替わりごとに将軍に拝謁したが、その際に「直政、直孝以来の家柄を傷つけぬようにせよ」といわれたという。井伊家では、直政、直孝の血統を守る為、他家からの養子を拒み、藩主の庶弟が嗣子の備えとして彦根城下に留め置かれた。歴代の庶弟の中には、著明な井伊直弼もいた。

私は、彦根城下を散策した事があるが、その際二人の銅像を目にした。ＪＲ彦根駅前の甲冑を身に纏った馬上姿の井伊直政と彦根城内の衣冠束帯で直立姿の井伊直弼である。直孝のものはない。

故人の善政や業績等を後世に伝える顕彰方法の一つとして銅像を考えた場合、直孝の治績は、直政や直弼より劣っているとは思えない。ただ、時代的な役割が異なっていたとはいえる。相継ぐ合戦の後に主君である徳川家康を天下人にした、いわば創業期の直政、二百年を超える太平の世が終焉し、開国という前例なきに等しい時代に国政を司った直弼と、徳川幕府の創業期から体制確立期に手腕を発揮した直孝とでは、画一的な比較は出来ないし、別段する必要も感じないが、一見、直孝の事績が地味に感じられる事と無縁ではないように思われる。

そこでと言っては何だが、江戸期の譜代大名家の最高役職である大老について考えてみた。

大老とは、徳川幕府の常設機関である老中の上に置かれた臨時の最高職で、主に将軍が幼少の場合や病弱の時に将軍の代理として、幕政全般の政務を統括した。大老に就任できる家柄は、譜代大名のみで徳川家一門や外様大名はなれない。江戸期を通じて、十一人の大老が任じられたが、内訳をみると、井伊氏五人、酒井氏三人、土井、堀田、柳沢氏が各一人ずつ輩出している。特に江戸中期の元禄十年（1697）以降の大老職は、ほぼ井伊氏が独占しており、他家との家柄の違いが表れていると思う。この様な井伊氏の家柄というか家格を確定づけたのは、創業期の直政の働きもさる事ながら、体制確立期の元和元年（1615）から万治二年（1659）に死去するまでの四十数年間、幕政に参画し重きをなした直孝の影響は大であったといえるのではないか。つまり、対外的な派手さはないかもしれないが、幕府内の譜代大名家の中で最高位に列するという家格を一時の事ではなく、秩序づけたのは直孝あってのことといえ、この件からも先の二人の役割と勘案しても何ら遜色はないと思う。

私は、直孝の銅像を造ってほしいと述べているつもりはない。ただ、直孝の事がもう少し、一般的に知られていてもよいのではないかとは思っている。

直孝の墓は、豪徳寺にある。法名は久昌院殿豪徳天英大居士、傍らには直弼の墓には見られる案内板はない。豪徳寺が、井伊氏の菩提寺になるについては、一つの伝承がある。

夏のある日、世田谷領内を巡視していた直孝は、寺近くの松の木陰で小休止していた処、寺の猫が直孝に向かって、何度も手招きしているのに気付き、誘われるまま松から離れ寺に入ると、直後に天候が急変し雨と雷鳴が起こった。直孝は、寺で雨宿りをし、雨止後に外に出てみると、先程まで小休止していた松は無残にも焼け倒れていたという。直孝は、自らの幸運を感じると共に寺の再興を発願し、自身の菩提寺としたと伝えられている。山内には、この伝承に由来する招福猫観音のお堂があり、門前には以前、招き猫の店があった。

又、別の説もある。江戸後期に世田谷代官上町大場氏が彦根藩に提出した「江戸歩行由緒帳」によると、井伊家の直孝菩提寺建立の意向に対して、代官の大場氏が弘徳院の地を推したという話がみえる。但し、豪徳寺の建立は江戸初期の事なので、確証を得るまでには、至っていない。

何れにせよ、井伊氏の所領の中で最も小さい世田谷の地に菩提寺を建立した理由については、江戸から約二里（八㎞）の近距離という地理的条件も大きく作用したとみられるが、はっきりした事は解っていない。

13 豪徳寺　二　〜彦根藩家老　岡本黄石〜

さて、豪徳寺である。この寺には直孝以降の歴代藩主十三人中、約半数にあたる六人の墓が置かれ、正室、継室等を含めた一族の墓数は二十を超える。この数は、徳川将軍家譜代筆頭である彦根藩三十五万石の井伊家の菩提寺として、豪徳寺が隆盛を極めた事を物語っている。江戸期の隆盛さは、多分に今日にも受け継がれ、山内は広大で、本堂や仏殿、三重塔等の伽藍が建ち並んでいる。平成十八年（２００６）に建立の三重塔は、塩梅よく風雪を重ねていて、頃合いよく古色を帯び始めている。

井伊家の墓域は、三重塔の後方にあるが、塔の左方には、幕末の頃に彦根藩家老を務めた人の墓がある。墓域の周囲には、低い石塀の垣を巡らせ、大きくはっきりとした書体で、「岡本黄石」夫妻の戒名が刻まれている。

岡本黄石は、井伊直弼の側近として才覚を表した。直弼が藩主となった嘉永三年（１８５０）から数年間は、直弼の信認を得て忠勤に励行したが、嘉永六年（１８５３）の米国使節マシュー・カルブレイス・ペリー提督が同国フィルモア大統領の国書を持参し、徳川幕府に開国を要求した所謂、黒船騒動から二人の関係は変様する。

黒船騒動を期に、日本国中で、開国、攘夷、尊皇、佐幕という思想概念が複雑に錯綜、先鋭化し激しく対立していく時代である。この時、直弼は、開国を主張しているが、この時点の開国は、どちらかというと佐幕を意味する事になった。直弼の主張を知った黄石は、上申書を認めて、開国より攘夷の必要性を説いた為、直弼より遠ざけられたという。この後に、黄石が政治的に復帰するのは、直弼の死後といえるかもしれない。

万延元年（１８６０）三月三日に起きた桜田門外の変で、直弼が水戸浪士らに襲撃され横死するに及び、黄石は激高し騒然とする藩士を抑えて事後処理にあたったのである。徳川御三家の水戸徳川家と譜代筆頭の井伊家の衝突は、徳川幕府の弱体化や崩壊をもまねきかねない事態だっただけに、黄石の心労も大変なものだったと推察できる。しかも、報復（朝廷から水戸藩への密勅の処罰として安政の大獄が始まった）の報復（桜田門外の変）の後に、報復（彦根藩士による水戸徳川家襲撃）しようと激高しているのであり、藩主の暗殺という前代未聞の非常事態に直面し、彦根藩は未だ嘗てない不穏な情勢に包まれた。

黄石は、幕府に犯人引き渡しの嘆願書を提出し、血気に逸り、小石川の水戸藩邸討ち入り等、水戸徳川家への復讐を主張する藩士達に、「私怨をはらすことより、国の大事を優先すべき」と述べ、桜田の彦根藩邸に集結した者達を三昼夜の間、説得し続け次第に事態は沈静化していったと云われている。この時の黄石の言動を、後年、勝海舟は「氷川清話」の中で次の様に語っている。

「井伊大老の殺された時の処置ぶりなどは、おれも感心したよ。何でもあの時井伊の家中で、血気にはやる連中は、直ぐに水戸の屋敷へ暴れ込むといつて大騒ぎをしたのを、黄石は、いろ〱に宥(なだ)めて、幕府へはただ、自分の主人が、登城中暴漢の為に傷けられたことを届け出て、事を穏便に済ませたが、もし、その時黄石が、思慮のない男で、一時の感情から壮士どもの尻推(しりおし)でもしたものなら、それこそ大変で、幕府もきつとこれがために倒れるし、すでに幕府が倒れれば、当時の形勢必ずや日本全国の安危に関るのであつた。それを、まづあの通り穏かに済ませたのだから、若い人たちが何といつて誹(そし)らうが、とにかくえらい。およそあんな場合に、一時の感情に制せられず、冷(ひやや)かな頭をもつて国家の利害を考へ、群議を排して自分の信ずるところを行ふといふには、必ず胸中に余裕がなくては出来ないものだ。その後、おれはあの男に会つた時に、国家の大事を思つて、一身の毀誉(きよ)を顧(かえり)みず、至極穏当な処置をしたのは、感心だといつて、誉めてやつたら、知己を得たといつて、大層喜んで居たよ。」

別の見方をすれば、黄石は「直弼の敵討ち」を押し留めた事になるが、決して亡君に対し薄情だつたという訳ではなく、その棺の前で落涙したといわれる。その心中には、黒船騒動前の順風満帆だった君臣関係や自らが時代の主軸思想とした攘夷派によって、主君を失うという時勢の無念さも去来しただろう。

そして、黄石の艱難はこの後も続くのである。

事態を重くみた幕府は、老中安藤信正を彦根藩邸に派遣し、藩士達に自重するように伝え、直弼については、登城中に暴漢に襲撃され負傷したと届けさせた上で、見舞いの上使を送った。同年三月末日に直弼の喪を発し、四月九日に豪徳寺で葬儀が営まれ、同月二十八日には、十三歳の嫡子直憲(なおのり)が彦根藩三十五万石を相続した。幕府は、直憲相続に際し、直弼の生前の忠功を賞した。つまり、幕府は井伊家の体面に十分配慮し、事を穏便に済ませたのである。

だが、二年後の文久二年（1862）に事態は急変する。この年に、幕政改革の勅使を護衛するという名目で江戸に入った薩摩藩主の実父島津久光は、幕府に対して直弼の行った安政の大獄で隠居謹慎を命ぜられた一橋慶喜や松平慶永らの幕政参画を求めたが、その際、直弼横死の事後処理について、「白日の登城中に首を取られ、負傷という虚偽の届け状を出させ、嫡子に是迄同様に遺領を相続させたのは、問題があるので、速やかに手直しされよ」という旨を述べた。

この後、一橋慶喜が将軍後見職、松平慶永が政治総裁職にそれぞれ就任し、いわば直弼によって幕政から遠ざけられた人達が復権する。この時の彦根藩は、旧態依然として直弼の寵臣が藩政の中枢を掌握していたが、それは必然的に幕政に復権参画した人達から報復的処罰の呼び水となりかねないものだった。

この時黄石は、藩政から疎外された同志達と至誠組を結成し、対応を協議した結果、藩政クーデターを断行するに至る。まず、十四歳の藩主直憲に謁見し、幕政の近況と彦根藩の危急を言上し、併せて人事の刷新を訴え、了承を得た。これにより、長野主膳、宇津木六之丞らは斬首、木俣清左衛門、庵原助右衛門の二家老も隠居謹慎となり、クーデターは成功したが、これでも幕政に復権した人達からの報復を回避することは出来ず、同年八月には、彦根藩領の神崎、蒲生両郡の上知（没収）の通達と歴代の井伊家当主が襲名していた京都守護職に松平容保（かたもり）が就任する事となった。井伊家にとっての京都守護職は、名誉職的な色合いが強く、容保の場合はより実質的で、内実には大きな差はあったが、井伊家にすれば懲罰的意味合いが強く、矜持を失ったといえる。同年十一月には、桜田門外の変時に虚偽の届け出をしたとして、十万石削封の通達があった。時勢とはいえ、万延期の対応とは掌を返した処分であり、恐ろしい程の政治力学の反動ともいえる。

彦根藩内では、この処分に得心するはずもなく、不当を訴えた藩士が色々と蠢動したが実を結ぶ事はなかった。この様な中にあって黄石のみは、寧ろ十万石の減知でよかったと考え、クーデターがなければ御家取りつぶしになる可能性もあったと周囲に洩らしたという。そして、黄石懸命のクーデターは、思わぬ副作用を生じさせる。それは、尊皇攘夷派の急先鋒といえる長州（現在の山口県）藩士伊藤俊輔（後の博文）、井上聞多（同馨（かおる））らの来訪である。他藩の者からみれば、彦根藩内で、直弼時分の家臣が一掃されたという事は、藩論が開国から攘夷に転じ、さらには尊皇派になったと受けとられた為、伊藤らは彦根藩の内情を確認しに来たのである。黄石は、同志である至誠組の面々と酒宴を張って、伊藤らを厚くもてなし、藩論の転向が風聞でない事を証明し、伊藤らを喜ばせた。この後、黄石は至誠組の者達を入京させ、各藩の尊皇攘夷派の志士らを招いて酒興をさかし、情報交換に努めた。

これらの事、特に幕末の政治的中心地である京での活動は、彦根藩の藩論転向を他藩に周知する役割を果たしたが、当初、開国を主張し、反対者の多くを弾圧した藩が豹変し、それまでの非常に高圧的な姿勢から、低姿勢になった為、藩論の中身ではなく、転向したという事自体が、軽佻浮薄と受け取られ、他藩から彦根藩が軽んじられるという思わぬ結果を生じさせた。一方、幕府にすれば、安政の大獄以降、混迷する政治状況の源は、直弼に起因するという思いが強く、こちら側からは軽んじられたというより疎んじられ、この後、彦根藩は朝幕双方から、戦の最前線に狩り出されるのである。幕府からは、水戸の天狗党、長州征伐等に派兵を命ぜられた。水戸の天狗党の時には、天狗党の上洛を阻止し、越前国敦賀（現在の福井県敦賀市）で、天狗党隊士約三百名の処刑を行ったが、処刑の際には、「桜田門外の仇を討たせてやる」といわれ、彦根藩士が首斬り役を命じられた。何とも皮肉で冷淡でもあり切ない逸話で、彦根藩が幕府より疎んじられたという証左の一つである。

これらの事が鬱積したのも一因と思うが、明治元年（1868）の鳥羽・伏見の戦いでは、彦根藩は官軍に属し、幕府軍を攻撃するのである。徳川将軍家譜代筆頭の井伊家が、徳川幕府の軍勢を攻撃するというのは、朝幕双方の兵に計り知れない大きな衝撃を与え、他の譜代大名家の動向に大きな影響を及ぼしたといわれている。同年一月には、朝廷より桑名（現在の三重県桑名市）征討の先鋒を命じられ、藩主直憲の名代として、黄石が藩兵を率いて桑名に向かった。唯、この時は、桑名藩が開戦前に降伏した為、干戈を交える事はなく無血開城となった。

明治元年三月に養子である宣猷に家督を譲り、黄石は隠居した。明治新政府から登用依頼があったが、再三辞退したという。

桜田門外の変のあった万延元年（１８６０）以降の約八年間、朝幕双方から損な役回りを受けた彦根藩だったが、藩政の中枢にあった黄石の責務と心労は並大抵でなかった事は容易に想像できる。隠居した年には、次の漢詩を詠んでいる。

我従従仕四十年　一旦承乏執国権
不省一身招百謗　自謂管晏功可宣
豈知遭際世艱険　十年奔走百慮煎
血膏鋒鏑固其分　自期此身不生還

意訳すると、「主人に仕えて四十年、私は藩政を委ねられ家老になりました。様々な誹謗を一身に受けましたが、省みませんでした。自ら中国の名宰相、管仲や晏嬰の功を模範にしました。その後、私が遭遇する艱難がこの様に険しいものになるとは知る由もありませんでした。そして、十年間各地を奔走し多く艱難辛苦がありました。当然、戦場で果てる事を覚悟していました。自ら、生きて還らない事を心に期していました。」

幕末の動乱を潜り抜けた人達の共通の心情をみる思いがする。幕政や藩政を担った、勝海舟や西郷隆盛、高杉晋作等の人達は、国論や藩論が二転三転し、様々な摩擦や対立が生じた先の見えない暗中模索の時代、険しい艱難を死を決して乗り越え、新しい世を懸命に探し求めた。黄石の漢詩からも同様の事が推察されるのである。

隠棲した黄石は、詩業に没頭する。元々、若い時分に、詩人として名声のあった梁川星巌（やながわせいがん）の門下で、素養も素質もあったという。詩を介して、頼山陽・頼三樹三郎（頼山陽の三男）や大塩平八郎等とも親交があり、詩というのは、二十代の黄石にとって、文芸であると共に当時の一流といわれる文人や学者と交わる機会をもたせ、人格形成や思考に多大な影響を与えていた。明治の世となり、政事（まつりごと）から離れた黄石は、詩材を求めて全国各地を歴訪している。黄石の詩は、梁川星巌の下で学んだ教養と幕末動乱を体験した人生経験から編まれた深みのある作風で知られ、明治詩壇の雄といわれる程の高い評価を得ていた。

明治期の黄石の作詩で印象深いのは、明治十五年（1882）に豪徳寺で営まれた井伊直弼二十三回忌法要の時に詠まれたものだろう。

　　壬午三月廿八日　旧主井伊宗観公
　　二十三回忌辰　　拝展墓下作有

　　一夢悠悠二十年　又値芳草落花天
　　通商今日循洋法　開港当時擅国権
　　衰耄旧臣空涙迸　幽冥霊魄尚冤纏
　　春風歳々多余恨　墓樹黄昏鎖冷煙

　意訳すると、

「壬午（明治十五年）三月二十八日、旧主井伊宗観（直弼）公の二十三回忌に墓参し、詩を作りました。

　二十年という歳月が、夢のように悠悠と過ぎ去りました。そして、今年も草香り花乱れ咲く季節がやってきました。今では外国との通商が当然の様に行われています。開国した当時、亡君は国権をほしいままにしていました。年老いた旧臣は、空しく涙をほとばしらせ、亡君の魂は、いまだ濡れ衣を着せられたままでいます。毎年、春風の吹く季節になると、深い悔しさがこみ上げてくるのです。樹木に覆われた墓も黄昏れて冷たい霧が立ちこめています。」

直弼の死から二十二年後に詠まれたこの漢詩は、当時の黄石の心境を吐露していると思う。特に、開国という二十数年後の世にあっては、当然といえる政治判断を下した直弼が、明治になっても正当に評価されていないとする「恨」（この場合の恨は、日本語の恨（うらみ）というより韓国で使われる恨（ハン）〈悔しさとか哀怒などが混在した感情〉に近いと思われる）は、旧彦根藩士が共有する心情でもあっただろう。旧藩士達は、直弼が開港した横浜港を見渡す丘陵（神奈川県横浜市西区紅葉ヶ丘、掃部山（かもんやま）公園）に自弁で土地を購入し、開港五十年にあたる明治四十二年（1909）に直弼の銅像を建てるに至る。薩長藩閥の世にあっては、周囲の反対も多かったというが、自藩の殿様の英断を、所縁の地で顕彰したいという思いは、「恨」の心情が深大なほど、強かったのであろう。

黄石は、この「恨」を肺腑に抱きつつ、明治三十一年（1898）に逝った。享年八十八。

黄石の墓を背にし、前進すると井伊家の墓域となる。先に述べた様に墓石も多くて広く、周囲には塀が廻らされている。

先ず、井伊直孝の墓を探すが案内板がないので法名である「久昌院殿豪徳天英大居士」を頼りにしながら、唐破風付の墓石群を丹念に見て回る。暫し時間を要したが結局は、参道の一番目に建つ位置にそれを見つけた。この人の事績については先に触れた。墓石の背面には「当寺中興開基」とあり、直孝を期に井伊家の菩提寺になった事が窺い知れる。

墓前の参道を道なりに進むと、右側に「掃雲院殿無染了心大姉」と刻まれた墓石がある。左右の墓とは、一定の間隔で離れており、何か独立した印象を持たせる。この墓主は、通称「亀姫」と呼ばれた女性で、直孝を父にもち同母の弟には三代藩主となった直澄がおり、歴とした大名家の息女なのだが、なぜか終生独身を通した。当時の大名家の慣習からして、実に不可思議といわざるをえない。それ相応の何かしらの理由があったと考えるのが当然なのだが、井伊家の家史である「井伊年譜」には、「有㆑故不㆑嫁」とか「有㆑故不縁」としか記載がない。豪徳寺が属する曹洞宗総本山の永平寺に伝わる「永平寺史」には、徳川将軍家の輿入れが破談になったと述べているがその理由については著されていない。

　ともかくも亀姫は、未婚のまま万治二年（１６５９）の四十四歳の時に父直孝の死に接し、豪徳寺が実父の菩提寺となってからは、実母の春光院と共に同寺の伽藍整備を行い、春光院没後は中心的な役割を担った。寺伝によると、多額の浄資を寄進し、伽藍の造営を行い、豪徳寺の歴史の中で最も功績のあった女性といわれ、現存する仏殿や本尊、梵鐘等の文化財の多くは、亀姫の寄進によるものといわれている。さらに、亀姫は総本山たる永平寺仏殿の再興時にも助成したといわれ、銀子三百枚を祠堂金として寄進している。そもそも永平寺は、藩祖直政以来、外護者として度々寄進を行っていた為、元来関わりが深かった。永平寺の承陽殿下壇には、掃雲院（亀姫の法名）と井伊直弼の位牌が現存しており、彼女の貢献度が察せられる。亀姫の度重なる寄進は、一族の菩提を弔うという事だけではなく、根底には曹洞宗への深い信心があった。

　亀姫の墓所の先に、国と都の史跡指定を受けている井伊直弼の墓石がある。傍らに案内板がある為、直孝の場合と異なりすぐに見つけられる。

　井伊直弼。彦根藩十三代当主、幕末激動の時世にあって、井伊家から輩出した最後の大老（徳川幕府最後の大老ではない）として、日米通商条約や安政の大獄、桜田門外の変等で、歴史上特に名を知られた人物の一人である。個人的には、虚実入り乱れ時代的背景も手伝って、一部の事績が突出して当時は元より後世にまで喧伝されている人物だと思っている。

直弼は、文化十二年（１８１５）十月、彦根藩十一代直中（なおなか）の十四男として生を受けた。井伊家では、直政、直孝の血統が最重要視され、藩主に実子がない場合は、他家から養子を迎える事はせず、藩主の庶弟が家督を継いだ。つまり、藩主の庶弟は藩主や世子の不測の事態に備え、いわば緊急時の補充人員として、彦根城下に留め置かれた。

江戸期の大名家の子息で、本家を相続する者は極一部で、家督相続ができなかった子息達は、世子のいない大名家に養子に出される事が多かった。これ以外の子息は、大体、生涯部屋住みで学問三昧の星霜を過ごすか、仏道に入るかのどちらかだった。大名家の子息の立場で考えた場合、各々の先天的思考は他に置く事として、一般的な所存としては、「大名」になりたいと思うのが普通だと思う。具体的に述べれば、出身家の家督を継げないのであれば分家の大名家、それが無理であれば、せめてどこかの小藩（一万石）でも構わないから、大名として立身したいと思うのが人の性と思われる。井伊直弼の場合、藩主直中の十四男という出身家の跡継ぎになるには、ほぼ絶望的な境遇にあり、他家に養子に出るといっても兄弟が多く（成人した兄が十人）、基本的に年長順で決めていく為、容易には、継承する家門は定まらなかった。直弼は、十七歳の時から彦根城三ノ丸にある北の屋敷に居住した。屋敷とはいっても日当たりの悪い中級藩士並の家屋で、宛てがわれた扶持は年三百俵。家臣以下ともいえる扶持だったが、直弼は自らの境遇に腐らずに和歌一首を詠んだ。

世の中を　よそに見つつも　埋もれ木の
　埋もれておらん　心なき身は

直弼は、北の屋敷を埋木舎(うもれぎのや)と名付け世俗浮華に惑わされず、禅や武術、茶道等の修業修得に没頭した。約十五年に及ぶ埋木舎時代に、禅宗の僧仙英から袈裟血脈（師僧から弟子に法灯が受け継がれる事）を授けられ、武術では居合を得意とし、一派を創設した。さらに、茶道では石州流の奥儀を極め、達人と称せられるまでになり「茶湯一会集」を著し、自らも茶室や茶器を造った。豪徳寺の山内には、直弼遺愛のもので東京三大茶室の一つに数えられる無二庵が伝えられている。

江戸期の封建大名の中には、名君とか大人(たいじん)等と呼ばれる事績を遺した人達も確かにいたが、総体的には少数であった。他の多くは、濃淡の差こそあれ道楽にふけり、奢侈に流れる事が多かった。そんな時世の中で、直弼の青雲の志ともいえる和歌と修養の実践は立派であり、名君になりえる素養と思える。因みに、直弼修養の地である埋木舎は、彦根に現存し観光名所になっている。

弘化三年（１８４６）正月、世子で十一番目の兄だった直元が病死した為、三十二歳の直弼が世子となり、埋木舎を離れて江戸で生活することになった。四年後の嘉永三年（１８５０）には、三番目の兄で十二代藩主直亮(なおあき)が国元の彦根で病死し、世子である直弼が彦根藩三十五万石を相続するのである。埋もれ木に花が咲いたのか、元々埋もれ木ではなかったのかは分明でないが、井伊氏という大名家の十四男として生を受け、十四男という境遇からすれば、生涯を部屋住みの身分で終えていたかもしれない直弼が、「埋もれず」に江戸幕府徳川将軍家譜代筆頭彦根藩三十五万石の十三代藩主として、世に出たのである。

藩主に就任した直弼が最初に行ったことは、先代の直亮の遺言と称して、十五万両（藩の一年分の収入に相当する）を領内の士民に分配し、次に、自ら倹約に努めながら藩士の半知（俸禄の半分を強制的に上納させる制度）を止めさせた。さらに、藩校弘道館の規模を拡充し士風を刷新した。

又、飛び地である下野国（現在の栃木県）佐野領を巡見した際には、遊女を公許にしていた為、風紀が紊乱し問題になっていた。これを知った直弼は、遊廓を廃止して失業した遊女達を転職させる助成を行っている。

さらに、直弼の藩主在任期間は約十年間であったが、最後の二年は大老職にあり国政に身を置いた為、藩政を顧みる時間は殆どなかったと思われる。大老職就任前の八年間の内、五年間は参勤交代で江戸にあった事から、国元の彦根に在所したのは約三年間だった事になる。直弼は、この三年間の内に九回に及ぶ領内の巡見を行っている。しかも交通の不便な山間僻地にまで足を延ばし、ある時には三日で四十四カ村をつぶさに視察したといわれ、孝子節婦を見つけては表彰したという。

これらの直弼の施政は、領民に善政として広く受け入れられ領外民にも知られる処となった。全国を遊歴し、見聞を広げた幕末の代表的長州人である吉田松陰は、旅先で直弼の評判を耳にし、実兄の杉梅太郎への手紙の中で直弼の和歌である、

恵まで　あるべきものか　道のべに
　迎ふる民の　したふ誠に

を紹介し、「実に仁君の歌と一読三歎、感涙にむせび候」と書き送り、直弼の治政を賞讃している。衆知の事だが吉田松陰はこの後、直弼が主導した安政の大獄で刑死するについては、やはり歴史の皮肉としか、いいようがないのではないだろうか。

歴史に「もし何とかだったら」という仮定の話は禁物だが、もし嘉永六年（1853）六月三日の黒船騒動が仮に十年か二十年後の出来事だったら、直弼は彦根藩に留まらず、江戸期の代表的な名君という現在とは全く異なる印象で、全国的に知られた大名になっていたかもしれないとも思うが、これはやはり仮定の話であって現実としては、直弼といえば即、「安政の大獄」の高圧的な為政者というのが一般的な印象と思われる。ただ、直弼の藩政を顧みる時、「一般的な印象」とは異なる人物像が浮かび上がるのである。

幕府は、黒船騒動の折に親藩や譜代、外様等の出自を問わず、大名や幕臣等から広く対応策を求めた。その結果、約七百通もの意見書が上申された。この様な公儀（国政）に関する幕府機構以外からの大規模な公募は、徳川幕府創設以来初めての事であった。

このいわば諮詢政策を中心的に推進したのは、直弼が大老に就任する前に老中首座を務めた備後国（現在の広島県）福山十万石の阿部正弘である。阿部はこの諮詢政策により、当時から幕府権力を衰退させたとか、延いては幕府専制の破綻を招いた等と指摘する声もあったが、約七百通の意見書の中には、譜代の直弼や外様の島津斉彬、幕臣の勝海舟らも提出し、それまで三百諸藩といわれ、一般的に自藩の事のみ考えていればよかった時世から、日本という国家単位で物事を思考しなければならない時勢に移行する契機となった。

特に勝海舟らの幕臣層はこれを期に、積極的な人材の登用が行われるようになる。因みにこの頃の海舟が掲げた「一大共有海局」とは、概説すると欧米列強の強さの源である海軍つまり軍船を三百諸藩で一隻毎に造船し、完成した約三百隻の船を日本国の所有とし、もって日本海軍を興し欧米列強と対峙するというものだった。

当時の日本の政治情勢からすれば、この政策の実現化は容易ではなかったが、「日本という国家単位での思考」を表す好例といえ、後世の人達にすれば、日本海軍の創設という政策も当を得ているといわねばならない。

この「日本という国家単位での思考」の諮詢を行った阿部は、先の非難に属する指摘等は十分に承知していただろう。それを承知で行った理由については、黒船来航による開国か鎖国という、前例のない事態にあっては、もはや、既成の徳川幕府の仕組みでは対応出来ないという事を見聞や理論は元より、皮膚感覚で認識していたと思われる。つまり、過大的に述べれば、徳川幕府イコール日本という概念から脱却していたともいえるのではないか。この事は、後世の人達にすれば然程議論する必要もない事かもしれないが、異国との接点が非常に限られていた当時にあっては、中々万人が認知する処とはなりえなかった。個人的には、直弼でさえ徳川幕府イコール日本という枠組みに固執していたと思える。但し、当事者にすれば後世の人達が結果論的に述べる意見程、容易に思考できるはずもなく、なればこそ、阿部正弘の政策は先見的であったといえるのではないか。

約七百通の意見書の中で、有識者といわれる人達の主張は、軍備を増強し開国するというものが多く、俗に開国派とよばれるが、その中には直弼も含まれていた。

黒船騒動の半月後に江戸幕府十二代将軍家慶（いえよし）が薨去し実子の家定（いえさだ）が後を継いだが、彼は元来病弱で子に恵まれなかった。この国難の時期を乗り越えるには病弱な将軍では心許なく、跡継ぎもいなかった事から、次期将軍を誰にするかという所謂、将軍継嗣問題が黒船騒動と併せて大変重要な政治課題となった。将軍継嗣の場合、直弼などの譜代層を中心に十三代将軍家定の従兄弟にあたる紀伊（現在の和歌山県）藩主で十一歳の徳川慶福（よしとみ）を血脈の関係から推し、他方では、英明の評判が高く、水戸徳川家出身で御三卿の一橋家を継いだ二十二歳の一橋慶喜を主に外様大名らが推挙していた。俗に慶福を推す一派を紀州派、慶喜側を一橋派と呼び、幕府内部や徳川家、朝廷、諸大名なども巻き込み激しく対立した。この問題に対する直弼の存念は、「将軍世子を決定するのは将軍の専権事項で、他の者が口出しするのは埒外、殊更に外様大名が意見を述べる等、もってのほか」というものだった。

この対立は、それまでの幕政とは異なり、親藩や譜代、外様の区別なく国難に対応しようとしていた阿部正弘が存命中は、何とか双方の長短を論じるという風で決しなかったが、安政四年（１８５７）六月に阿部が病死すると事態は急変する。紀州派は、安政五年（１８５８）四月に慶福を推す直弼を大老に就任させ巻返しを企図した。紀州派の直弼が大老になったという事は、慶福が将軍世子に決定したも同然だった。直弼が大老という中央政界に登場するまでの事情は複雑であるが、一視点として前述した様に開国か鎖国という前例のない事態にあって、国政を司る徳川幕府が既成のままで対応可能か否かという事も挙げられる。黒船来航という強烈な対外的危機感、具体的に述べれば、清国（現在の中国）のように世界の列強の植民地にされるという恐怖にも似た危機感から、十一歳の慶福ではなく、英明の聞こえ高い二十二歳の慶喜を推したのが一橋派だった。無論の事として、黒船来航がなければ将軍世子に慶福がなる事に、然程の異論はなかったかもしれないが、未曾有の対外的戦慄意識が顕在化している時世にあっては、血筋ではなく年齢と能力で慶喜を推挙した為に、激しく深く対立するに至ったのである。

別の観点としては、幕政に影響のあった大奥が紀州派だった事も挙げられるが、大奥の判断基準は、開国とか鎖国、血筋か能力等というものではなく、慶喜の実父である水戸徳川家第九代藩主の斉昭が、大奥に大変不評であった事から紀州派についたといわれている。

ともかくも、この政治的混乱時に直弼は大老に就任した。この事は、前述の如く紀州派の政争の勝利を意味していた。

直弼は、この後、既成といえる幕法や祖法、前例に従って幕政を取り仕切ってゆく。将軍継嗣問題については、実情はともかく、表向きには将軍家定の内意とした上で、慶福を将軍世子に決定し、安政五年（１８５８）六月二十五日に布告した。同年七月に家定は薨じ、慶福が十四代将軍となり名を家茂と改めた。

又、黒船騒動の開国問題については、開国を主張し、政治的混乱をより回避する為に、老中である間部詮勝（まなべあきかつ）を京に上らせ、朝廷に開国を奏上し勅許を得ようと工作したが、朝廷側は頑としてこれを斥けた。

直弼は、同年六月に朝廷の勅許を得ないまま日米修好通商条約に調印する。直弼の所存では、徳川幕府は創設以来、朝廷より政事（まつりごと）を委任されており、寛永十六年（１６３９）の鎖国令の時も朝廷からの勅許は得ておらず、元来、開国についても勅許の必要性をあまり感じていなかったと思われる。直弼の所存は、少し前の時世であれば正論とも思え、徳川幕府二百数十年の間に形成された「既成の正論」ともいえるものだった。ただ、「既成の正論」を構築した二百数十年の期間と、直弼が大老を務めた時分とでは世情は変わりつつあり、直弼が判断基準とした「既成の正論」が移ろう時世に対し、万人が得心するものではなくなりつつあった。つまり、「既成」を形成していた時代は過去のものになりつつあり、「既成の正論」が新しい時勢に対応できないものとして崩壊していく過程にあったともいえる。

開国問題と将軍継嗣に関する直弼の対応は一橋派の猛反発を招いた。まず、一橋慶喜が事前連絡の上登城し、今回の処置について直弼を難詰した。直弼は慇懃に対応したという。翌日には、尾張藩主徳川慶勝、水戸藩主で慶喜の実兄である徳川慶篤、その兄弟の実父斉昭、越前藩主松平慶永の四人が不時登城し、直弼と直談を行い今回の処置の変更を強く迫ったが何の効果もなかった。この直後、あくまでも表向きの事と思うが、十三代将軍家定は不治の床に直弼を召し出し、先の五人に対して処分を命じたといわれている。徳川斉昭急度謹慎、徳川慶勝と松平慶永は隠居、徳川慶篤と一橋慶喜の兄弟は登城停止となり、この処罰が発令された翌日に家定が三十五歳で薨じたといわれている。処罰を受けた五諸侯にすれば、家定の上意とは到底思えず、開国、将軍継嗣と併せて、直弼の独断と映ったに相違なく、直弼にしてみれば、十三歳で十四代将軍となる慶福への配慮もあったかと思われる。

斯して、二大懸案は一応の決着をみたのであるが、直弼の「既成の正論」での対応策に、反発は終息しなかった。日米修好通商条約の無勅調印は違勅調印に変様し、直弼は朝廷を蔑ろにする国賊とまでいわれるようになり、五諸侯に対する処分については、専横独断との非難が集中した。

特に朝廷では、開国に強く反対していた為、水戸藩に対して、条約の破棄、直弼の排斥、徳川斉昭らの赦免、一橋慶喜の擁立等を主眼とした密勅が出されるに至る。幕府の政策決定に対して、朝廷が異を唱える事は極めて異例で、徳川家親藩とはいえ、一大名家に密勅が出される事も同様であった。この非常事態に大老たる直弼がとった対応は、やはり「既成の正論」だった。つまり、諸大名が幕府の許可なく、朝廷から官位を受けたり、政治的な接触をもつ事は御法度であり、それを行った場合、家名断絶、当事者は切腹という厳しい仕来りだった。直弼は、これに該当した公家や大名、諸士らを一斉に検挙し十分に吟味した上で処罰しようと考えた。世にいう安政の大獄である。但し、直弼が実際に行った対応は、時局柄これ以上政治的混乱を避ける為、高位高官の公家や大名らの厳罰は出来るだけ避け、その配下にあって暗躍していた者達に留めるつもりでいたらしい。一説によると取り調べ方では、重刑でも流罪ぐらいだと思っていたらしいが、結果的には八名の死罪者を出した。八名の中には、先の吉田松陰がいる。ただ、松陰の場合、幕府が拷問等により積極的に死罪に追いやったという事ではなく、問われもしないのに、老中間部詮勝の暗殺計画を自白したのが直因となった。当時の状況下でそれを口にする事は、即、死に繋がるという事を松陰自身、重々承知していただろう。

安政の大獄は、最終的に死罪八人、獄死六人、遠島七人、その他の処分者は五十八人という数に上った。この時代、安政の大獄と同様に「既成の正論」に対する是非ともいえる同種の対立は諸藩でもみられた。例えば、九州の薩摩藩では文化五年（１８０８）に「近思録崩れ」といわれる事変が発生し、十三人の切腹者と百余人の遠島、寺入、御役御免の処分者を出した。同藩では、嘉永元年（１８４８）にも「お遊羅騒動」とか「高崎崩れ」とも呼ばれる事変が起こり、この時は、切腹は十三人、遠島十七人、免職等の処分者は計五十八人に上った。同じ九州の福岡藩でも慶応元年（１８６５）に「乙丑の獄」が起こり、切腹七人、斬首十四人、流罪十六人、追放等は六十人余りという処分者を出した。処分者だけを単純に比較すれば、一説にあるように安政の大獄は「大獄」ではなかったのかもしれないが、朝廷や諸大名等を巻き込んだ全国的な規模の大きさや後世の影響度等を勘案すると、やはり「大獄」といえるのではないか。特に水戸藩では、水戸徳川家出身の三名（斉昭、慶篤、慶喜）に対する処罰と死罪者八名中四名が水戸藩士だった為、直弼に対する憎悪は拭いがたいものになっていたが、片や直弼にしてみれば、やはり「既成の正論」での対処であったといえる。幕府大老として、仕来りに違反した者を処罰したにすぎないのであろうが、この時、直弼自身の命脈は二年となかったのである。

　万延元年（１８６０）三月三日（太陽暦の三月下旬）、朝から降りしきる雪の中、直弼は登城中の江戸城桜田門付近で水戸浪士らに襲撃され落命する。世にいう「桜田門外の変」である。桜田門付近から直弼登城の始点であった彦根藩邸は凡そ四百ｍであり、現在の憲政記念館の辺りが彦根藩邸であった。襲撃人数は十八名、要した時間は十五分程といわれている。一般的に考えれば、いかに雪日だったとはいえ、大老たる大名行列が凡そ四百ｍという距離を移動する間に、十八人の襲撃を受け、たった十五分という時間で大名の首級が挙げられたというのは、にわかに信じられない思いがするが、実際の出来事なのである。

「既成の正論」で艱難極まる時局に対応しようとした直弼が、それまでには考えられない最後を迎えた事は、「既成の正論」の崩壊を如実に示す証左といえるのではあるまいか。総じて述べれば、日本の国政イコール徳川幕府という政治体制が過去のものになりつつあるという事を、皮肉にも直弼の非業ともいえる死をもって満天下に知らしめたといえるのではないか。

この事は、歴史的な皮肉や残酷さとか同情とか憐憫の様な感情が去来し複雑に交差するが、これらの感情の基になる直弼の事績が、直弼の実像を把握する上で重要なものである様に思われる。無論、他方では徳川幕府の権威をかり、専横独断的に政事を行い、意に添わない者達を弾圧したという評価もあろうし、こちらの評価の方が全体として多いと思われる。ともかくも直弼は生を終えた。享年四十六、法名は「宗観院殿柳暁覚翁大居士」、直弼の死は秘され、同年同月の下旬に公表された為、墓石に刻まれた命日は実没日の三月三日から二十日以上経過した三月二十八日となっている。

尚、豪徳寺には、この非運といえる君主の墓守を生涯続けた人の墓もある。名を遠城謙道（おんじょうけんどう）という。文政六年（１８２３）に彦根藩鉄砲足軽の家に生まれた。文久二年（１８６２）の彦根藩領十万石削封等の追罰に憤慨し、藩の救済に蠢動するが、なにも実を結ばず、結局は国元に送還されてしまう。慶応元年（１８６５）に隠居願を提出し、許されて出家し豪徳寺にある直弼の墓の傍らに庵を結び居住した。以後、三十七年の間、毎朝墓所を掃き清めるという墓守の仕事に従事した。その途次には、井伊家より二人扶持が支給され、直弼遺愛の茶室を住まいとして与えられた。この茶室は、先に紹介した無二庵と呼ばれるもので、一般公開はされていないが、往時の姿を留めていると伝えられる。

この茶室は、直弼が埋木舎時代（１８３１〜１８４６）の頃から培ってきた茶道観をよく表していると云われ、簡素、簡潔で、資材の組み合わせも奇に属するものではなく、開口部が少ない為、内部に差し込む陽光が薄暗いという妙手があり、この薄暗さが、室内に一層の落ち着きを与えると共に求道的な造形を醸し出しているといわれ、東京三大茶室と呼ばれるに相応しい高い評価を得ている。

やはり、黒船騒動が十年か二十年の後世に起こっていたなら、直弼も松江（現在の島根県）藩主松平不昧（ふまい）のように茶人大名として後の世に広く知られる素養は十分にあったと思わざるをえないが、歴史的な結果としては、複雑な政治状況下で、大老として国政の矢面に立った直弼の政治行動のみが前面に出て喧伝された為、茶道という文化人としての足跡はあまり知られていない。

彦根藩主として善政を行い、嘉永六年（１８５３）の時点で「開国」を主張した直弼は進歩的な大名であったといえると思う。但し、結果論的に述べれば、「既成の正論」という旧来の徳川幕府の手法一辺倒に固執したことも否めない事実であると思う。それは、時代の趨勢からすれば非進歩的といえ、暗殺という終焉を迎える決定的な要因ともなった。直弼の場合、阿部正弘のように外様大名等も政治参画させるという様な政治変革、つまり「既成の正論」以外の方法を選択しえなかった。ある意味に於いて、直弼の死をもって阿部の「既成の正論」以外の政治手法が見直される訳だが、この両者の相異は何であろうか。譜代筆頭として幕政に参画する際には、老中ではなく大老に就任するのが常だった井伊家と譜代重恩ながら老中が最高位だった阿部家の出自家柄に起因するのか、それとも個人的資質や後天的なものなのか、様々に考えられると思う。特に直弼が譜代筆頭の井伊家の出だった事は、直弼自身に選家というか選民とでもいおうかシオニズムにも似た思考を植え付けたと思われ、それが「既成の正論」という旧来からの徳川家一辺倒の政治思考に繫がったと推察される。

さらに歴史的に述べれば、政治体制が長期間安定して機能した場合、その体制内で優先的な地位を占めていた人達が、時代の変革期に容易に対応しえない事はよくみられるし、変革期の前後に対応しうる人達は、総体的にいえば少数派を形成しがちな事も同様である。

井伊直弼と阿部正弘の相異について考えた場合、家柄や個人的な資質等の細項目的な事柄も重要だと思うが、人間の本質的な部分、つまり先天的な要素も軽視しえない要項である様に思われる。

豪徳寺を辞し、松陰神社に向かう途中に吉良氏が建立したと伝えられる真言宗の勝国寺がある。この寺は、世田谷城の鬼門の方角に位置している。寺伝によれば、吉良政忠が鬼門除けとして天文二十三年（1554）に開基したと云う伝承をもつが、開基年代と開基に関する疑義については、先の「6　東条吉良氏　一」の章で触れた。

繰り返しになるが、政治、軍事の中心地である都市や城の鬼門（東北の方向）に厄除けとして、寺院を建立するという陰陽道的造営は、平安京と比叡山延暦寺、江戸城と上野寛永寺等、全国的に広くみられ、勝国寺の場合も恐らく天文二十三年以前に世田谷城主である歴代の吉良氏当主の誰かが創建したと推量される。

昭和二十年（1945）の空襲により、多くの堂宇が灰となり古記録も失ったという。本尊は不動明王である。又、戦災により破損した薬師如来像を修復する際に、天正二十年（1592）九月付の古文書が発見され、吉良氏の重臣だった大場、関の両氏が、同年の薬師如来像修復の願主になった事が記されていた。没落したとはいえ、両氏の主家筋にあたる吉良氏朝、氏広親子の名もあってもよさそうだが記されていない。この時点では、まだ下総にいたのかもしれない。尚、寺伝によれば、この薬師如来像は吉良頼康に嫁いだ崎姫の持仏だという。

　この寺の墓域には、幕末の長州人で吉田松陰と親交の深かった土屋蕭海（矢之助）の墓がある。蕭海は文政十二年（１８２９）に出生しているから、松陰より一歳年長という事になる。幼年期より学問を好み、長じて広島や江戸に出て学識を加え諸士と交わり、特に松陰とは知己の間柄だったという。松陰が伊豆下田で米艦密航に頓挫し入牢すると諸友の中で最も好意的に接したといわれている。その後、父の死去により萩に帰郷し、私塾を開き多くの門弟を教育した。この功により、藩当局から士分に取りたてられた。

　安政の大獄により、松陰が萩から江戸に送還される時には、藩当局に拒絶を進言したといわれる。松陰の死後、藩校明倫館の助教となり、藩政や国事に東奔西走し、下関では薩摩藩士西郷隆盛とも密議に及んだという。残念な事に、病を得て元治元年（１８６４）に三十六歳という若さで没した。明治維新後、贈位として正五位を賜った。

　墓は、土饅頭というか石饅頭ともいうべきもので塚に属する。特徴的なのは、大小の環状形の石を大きいものから順に積み上げ、頂に半球体の石をのせている事で、円墳の表面がそれらの石材で覆われている。無論、周辺の墓に同形のものはなく、蕭海のそれは珍しく、その墓形と石材の構造から日本的というより、カンボジアやミャンマー等の東南アジアで見られる石造遺跡を思わせる。

勝国寺と松陰神社は真に近く、その間に若林公園がある。この公園には、大樹が多い。その樹木は、まるで京の町家のように入口の面よりも長い奥ゆきの園内の奥の方まで連なっている。その樹種は、松や楠木等多く見られるが、特に園内の中程にある赤松群が印象的である。赤松は、大名庭園の必樹といえるものだが、実はこの若林公園は隣接する松陰神社と合わせて、江戸期には長州藩三十六万石毛利氏の抱屋敷（かかえやしき）だった。園内の赤松をはじめとする樹木は、その名残と思われる。

又、勝国寺、若林公園、松陰神社の南側を横切る通りの反対側には、世田谷新宿が設置される前の宿場、つまり元宿があったといわれている。元宿は鎌倉道沿いにあったといわれているが、実は鎌倉道が世田谷城下をどのように通っていたのかは、今の処、詳細には解明されていない。

因みに、江戸期に世田谷の代官職を務めた上町大場氏は、天正五年（１５７７）頃までこの元宿に居住していた。そして、上町大場氏より前に代官の職にあった北宿大場氏の「北宿」とは、一説には勝国寺の後方北側に在所した為という。

中世の頃には、太田氏の江戸城下と並んで賑わいをみせた元宿だったが、中世末期の世田谷新宿の創設等により、江戸期には曾ての面影は失われていたと思われる。その元宿に防長二カ国を有する毛利氏が、抱屋敷を造営したのは江戸前期の延宝二年（１６７４）の事であった。

抱屋敷とは江戸市中にある上中下の三つの拝領屋敷が罹災した場合、再建に必要な木材を調達するというのが主目的であった。その為、広さ約一万八千三百坪の農地を百七十五両で買い取ったという。域内には太夫山（たゆうやま）という山林があり、名の由来は毛利氏の歴代の官名である「大膳大夫（たいぜんのたゆう）」から付けられたという。

この抱屋敷は、徳川幕府から拝領したものではないので、毛利氏の私有地とみなされ、年貢賦課された。元治元年（１８６４）の禁門の変で長州藩は幕府と敵対し、その後、幕府は長州征伐を決定するが、その際に毛利氏の拝領屋敷と当地の抱屋敷を没収した上で徹底的に破壊したという。この時、抱屋敷の木材用の立木は、若林村に払い下げられたといわれている。

明治の世となり、抱屋敷の跡地には松陰神社等が建てられ現在に至っている。この「松陰」とは、二十一回猛士とも号した長州藩士吉田松陰（寅次郎）の事である。

吉田松陰は、文政十三年（１８３０）八月四日に萩城下に生まれた。著名な幕末の人物では、薩摩藩の大久保利通が同年同月の十日生まれで、松陰とは六日違いの出生である。父は長州藩士杉百合之助、母は滝子で、杉家の禄高は二十六石だった。幕臣の勝海舟は、若い時分貧乏で有名だったが、それでも四十一石取りだった事を思うと、杉家の二十六石という禄高は武士階級の中で最も低い部類に属すると思える。加えて、兄弟が多く三男四女という大所帯の為、一家総出で田畑の耕作に励んだという。正に半士半農の家柄だった。

又、杉百合之助は好学の士でもあり、貧しいとはいえ武士としての教養は十分に持ち合わせており、子供達の教育にも熱心で、質実剛健な人柄だったといわれている。
松陰が五歳の時、病弱な叔父吉田賢良の養子となる。吉田家は、代々、藩主毛利氏の山鹿流兵学師範の家柄だった為、松陰も優秀な軍学者になる必要に迫られたが、養父賢良が病弱の上（翌年に病死）、松陰自身が五歳という幼年だったことから、山鹿流軍学の素養のあった伯父の玉木文之進が、松陰の養育にあたった。文之進は、松陰を長州藩山鹿流兵学師範に相応しい人物にしようと、強烈なスパルタ教育で育成した。スパルタ教育の中身については、親族の後日談が次の様に伝えられている。

「それから松陰の伯父にあたります者で玉木文之進と云ふ者、之が松陰に読書を教へた先生でござりました。此の文之進は百之助より一層厳重な者でござりまして、松陰が書を習ひますに、少し覚えぬとか、肩がねぢれたりすると、直ぐ抛(ほう)ぐる（ほうるの意）、甚しきは書物を教ふる其場から三間（六m弱）ばかりの処に崖があって、其処へ抛(な)げつけたと云ふ様に厳重でござりました。但し或るときは戯(ざ)れごとも致しますが、書物を読む時と、字を書く時は非常に厳重なもので、松陰が年を取ってから、玉木の伯父に叱られた程懼(こわ)い事はないと言っておる位でござります。」

松陰は、この様な猛烈な勉学を続け十一歳になった天保十一年（１８４０）には、藩主毛利敬親の御前で「武教全書」を講ずる事になった。松陰は少しも逡巡する事なく「戦法篇」を講じ、藩主の問いに何なく答え、厚い称賛の言葉を賜った。御前講義は以後数回に及び、松陰は藩主敬親の個人的な知遇を得て信頼されるようになる。

普通に考えれば、十一歳の少年がスパルタ教育を受け、逃避する事なく懸命に勉学に励み、習得した学問を殿様に講義し、お褒めの言葉を頂くというのは松陰自身は勿論、親類縁者にとっても大変名誉なのだが、松陰も親類達も過度に喜んだりましてや有頂天になり、天狗になるといった素振りは微塵もなかったという。寧ろ、「兵学者の家柄であるから当然」といった思いを持っていたという。この精神態度は、十五歳の御前講義の際に褒美として書物を拝領した時も同様だった。

又、こんな逸話も伝えられている。松陰は下宿しながら藩校明倫館に通っていたが、ある時、下宿先の家が火災に見舞われた。当然、松陰も鎮火に努めたが、鎮火に夢中になり学者として最も重要なものの一つである書物や荷物を全て焼失してしまった。帰宅後に家族から「書物くらいは持ち出す事が出来たであろう」と問われると、松陰は、「持ち出す時間は多少はあったけれども、一日でも厄介になっていた家でございますから、その家の物が焼けて居るのを見ていながら、自分の物だけ運び出すことは出来ませんでした。そこで、自分の物はそっちのけにして、その家の道具を運び出す手助けをし、自分の物は、全て焼けてしまいました」という旨の返答をした。

御前講義で藩主より知遇を得るという知識の確かさと慢心を戒める精神態度、下宿先での減私助困ともいえる言動は、松陰の性格を粉飾美化したものではなく、素の松陰を表す一例でしかないが、学識あり、大人（たいじん）（有徳の人）の素養もあり、誠に将来を嘱望される若者といった感じで、これらの資質は伯父玉木文之進のスパルタ教育で培われたのは疑いない。

松陰は、嘉永元年（１８４８）十九歳の時に独立した師範となり、その後は机上の知識だけではなく、実地に基づいた見聞を広げる事に熱心で、旅をよくした。嘉永三年（１８５０）には、約四カ月間に亘る九州遊学に出ている。小倉から佐賀、大村、長崎、平戸、天草、島原、熊本、柳川、久留米等を歴訪し、特に平戸では山鹿流兵学者葉山左内を訪ねて教えを乞うた。葉山は逸材として名を知られた存在で、松陰は約五十日間平戸に逗留し学問三昧の日々を送った。

又、松陰の訪ねた久留米には、「寛政の三奇人」として著名な高山彦九郎の菩提寺である遍照院（へんしょういん）がある。彦九郎は、上野国新田郡の出身で、遠祖は鎌倉末期の新田義貞の倒幕軍に参陣したという。この人も全国各地をよく旅した。特に尊皇家として有名で、文人の頼山陽は、彦九郎を「草莽（そうもう）の臣」と呼び深く敬服し、後世の幕末の志士達にも多大な影響を与えた。寺田屋騒動で知られる薩摩藩士の有馬新七は「今彦九郎」と呼ばれ、西郷隆盛は彦九郎の漢詩を詠み、有馬、西郷と同郷で後の宮内大輔、吉井友実は彦九郎の生家を訪ねている。今日でも京都三条大橋のすぐ近くに、京都御所を遥拝する彦九郎の銅像を見ることができる。

私は、彦九郎の生家跡に隣接する高山彦九郎記念館を訪ねた際に、吉田松陰の名は彦九郎の法名である「松陰以白居士」から名付けられたという説があるのを聞いた。大分後に、久留米を旅した折に遍照院を訪れたが、この寺は久留米藩二十一万石の城下の寺町にあった。彦九郎の墓域は、静寂な中に石柱で区画され、墓前の左右には大きくはないが姿のいい二基の石灯籠を頂いた丁重なもので、墓石には確かに「松陰以白居士」と刻まれていた。私も後世に於ける彦九郎の影響度からみて、松陰も久留米来訪時にこの寺を訪れていると思っていたが、どうも松陰が久留米を訪れた嘉永三年の時点では彦九郎の事を知らなかったらしい。因みに松陰の名を常用するのは、嘉永五年（1852）の頃からといわれている。私の不確かな記憶では、松陰が彦九郎の存在を知るのは安政年間（1854〜1860）の頃だったと思う。よって、松陰の名と彦九郎の法名の関連性はないと思われるが、松陰は名の由来を公表していない。そして、松陰は後年、頼山陽が彦九郎を評した「草莽」（在野の人達）という言葉を多用するようになる。松陰の性格からして、名が彦九郎に由来するのであれば、隠さずに口にすると思うが、どうなのであろうか。

翌嘉永四年（1851）三月には、参勤交代で江戸に参府する藩主に従って江戸遊学を果たす。そして、同年十二月から翌年四月にかけて、藩当局に無断で東北遊歴に出てしまう。行先は、水戸、会津、佐渡、秋田、弘前、十三湖、青森、盛岡、平泉、石巻、松島、仙台、白石、米沢、日光、足利等で、北関東から東北地方全体に及ぶ広大な地域で、松陰は充足感に満たされたと思われるが、藩の許可を得ていない遊歴だった為、江戸に戻った後には、謹慎帰国の命を受け、帰郷後の同年十二月には士籍剝奪の上、世禄没収という藩の裁断が通達された。この時代、藩に無断で旅に出るというのは、当人は疎か家族にまで類が及ぶ大罪であり、この事は当然、松陰も承知した上での行動なのだが、松陰の場合、藩の処罰とこの時を逃したら東北一円を見聞する機会を逸するという知的衝動を天秤にかけると、藩の処罰がどこかに飛んでいってしまうという、つまり、実地を見聞したいという衝動に重要な価値を置く思考をもっていた。大局的に述べれば、松陰の旅は物見遊山ではなく、各地の藩の実状を知り、有士達と時局を語り、延いては日本の実状を把握し、今後どのようにあるべきかという事を念頭に置いたものだったのである。この思考は、国禁を犯そうとした米国密航未遂の時も同じ様に働いた。

ともかくも松陰は、士籍剝奪、世禄没収という厳しい処分が通達されたが、幸いな事に知遇を得ていた藩主敬親から、遊学願を提出すれば特に許すという達しがあり、その期間は十カ年という破格の処置だった。敬親は、家臣から指示を仰がれると、「そうせい」(その様にしろ)とよく返答した事から、「そうせい侯」と揶揄されたが、松陰の一件に限っていえば、松陰の非凡さを見ぬき、直情型の言動を寛容をもって接した点等は、中々凡人の能くする処ではないように思われる。松陰は、敬親の温情といえる措置で浪人ではあるが、思いのまま見聞を広げる旅に出る事が出来るようになった訳で、これは松陰の望む事であった。

翌嘉永六年(1853)一月には、約四カ月という日数を要し、四国や畿内、伊勢地方に足を延ばし、最後は中仙道から江戸に入った。この時点で、松陰の未訪地域は現在の北海道と沖縄のみで、当時の地理的感覚からいえば、日本を踏破したといっても過言ではなかった。この達成感にも似た意識は、当然、松陰の心中にもあっただろう。この様な達成感の中で、同年六月三日の黒船来航をむかえるのである。松陰は、翌四日には浦賀に向かい、居合わせた蘭学者佐久間象山と時事談議を行っている。時事談議の論旨は、軍事面において日米の差は著しく、当時の日本の軍事力では米国に抗しえない事や軍事力の差を埋める為に、様々な兵器に応用されている科学技術を習得する必要がある等であった。

黒船来航の直前に、国内のほぼ全域を踏破していた松陰にすれば、眼前に停泊する米国ペリー艦隊の黒船を通して、異国の地に出て軍事技術や政治、経済等の分野について学びたいという思いに至るが、当時の日本では国内の旅ですら藩当局の許可が必要で、許可が無ければ先に述べた様に本来は重罪なのである。ましてや寛永十六年（１６３９）の鎖国令以来約二百年の間、日本人が海外渡航する事は国禁であり、これを犯せば極刑にもなり得る事は松陰も自覚していた。ただ、推量としてだが、当時の日本人で海外の諸事情に興味がわくという人は全体として稀であったと思われる。大部分の人達は興味というより、奇異といった感じであったろう。少数派である海外の諸事情に興味を持つ人の中でも、国禁を犯してペリー艦隊に乗り込もうとする人はより少数で、実際に実行するとなると少数というより皆無といえる比率になると思うが、この真に低い比率に属したのが外ならぬ松陰であった。

それは、嘉永七年（１８５４）三月に幾度の蹉跌をへて決行された。金子重之助と共に夜陰に紛れ、小舟で米艦ポーハタン号に近づき、何とか乗船するも米国への渡航は拒絶されてしまう。徳川幕府との交渉に支障をきたし兼ねないというペリーの政治的判断によるものという。松陰らは、やむなく下船する。その後、自首して投獄されるが、当然予想された死罪は免れた。一説によると、松陰らの行動を好意的に受け取ったペリーの配慮があったという。結局、自藩での幽閉が伝達され、同年十月に萩の野山獄につながれる事になった。獄中の松陰は、二カ月の間に百六冊の書を読破したといわれている。安政二年（１８５５）の四月頃から獄中で講義を行い始め好評を博し、模範的な囚人だったと伝えられている。

松陰が国禁を犯し海外渡航を企てたのは、前述した様に知的衝動という事だが、より具体的に述べれば、国禁たる鎖国令がもはや時勢に適応せず、寧ろ国益に反しているという認識があればこその行動であり、飛躍的にいえば、この認識が徳川幕府の政権能力に疑義を生じさせ、やがては、疑義が絶望感となり、後の倒幕運動に繋がる萌芽になる訳だが、この変遷は十年以上の歳月を要した為、この時の松陰は先駆者ではなく、単なる重罪人でしかなかった。

翌安政二年（１８５５）十二月からは、野山獄から出て実家での禁錮の身となり、獄中での講義が大変好評だった為、実家に戻った後も継続して行い、評判を聞きつけた聴講者は年々増え続けたという。この時を実質的な松陰の私塾である松下村塾の開始時期とするむきは多いが、当初は評判とは裏腹に囚人の実家で禁錮者が講義を行うという事は、大っぴらに出来なかったらしい。幸いな事に養父ともいえる伯父玉木文之進が、以前に私塾として松下村塾を創始していた為、当初は助教格というあまり目立たない立場であったので、松陰が主宰する松下村塾の開始時期を正確に明らかにする事は難しい。

私は萩に行った際、無論、松下村塾を訪ねた。それは、松陰神社域内の中心地付近に移築保存されていた。周囲が開け、三六〇度のどの方向からも見学でき、知名度と相俟って史蹟の主座を占めているようでもあったが、建物自体は実に質素であった。装飾工芸の類いは何もなく、間取りは、八畳と四畳半の間と三畳の二間で計十八畳半の家屋だった。萩城下の堀内地区にある上級家臣達の大きくて立派な史蹟群を見た直後に訪ねた所為もあってか、松下村塾は簡素で小さく家屋の支柱までも細く感じられた。

この小舎から、明治維新の原動力となった人材を多く輩出した事はつとに有名であるが、松陰はこの時二十七歳で、塾生に接する際には師弟というより、同志とか友人の感覚に近かったという。この事は、松陰の門弟達の人物評から窺い知る事が出来る。

「久坂玄瑞(くさかげんずい)は年こそ若いが、志は盛んでそれを自らの才能で運用できる人物だ。」

「私は以前、同志の年少者のなかでは久坂玄瑞を第一としていたが、その後高杉晋作もそれに加わった。晋作は識見はあったが、学問は未だ充分ではなかったが、自由で独創的に物事を思考し行動する事のできる男だ。そこで私は、玄瑞の才と学とを推称して晋作を抑えるようにした。晋作は大変不満のようだったが、暫くすると晋作の学力は急激に伸び、議論はますます卓越したものとなり、他の者もその言に従わざるを得なくなった。そこで私は、議論の決着をつけるときは、大抵の場合、晋作の議論を引用してこれを行うようにした。」

「入江杉蔵と天下の事を談ずるに、その説は自分とよく合う。しかしこれはたいしたことではない。杉蔵を尊ぶべき所は、彼の国を憂うる心の切なる事と、策をめぐらす事の要を得ている点で、到底自分の及ばないところだ。」

吉田稔麿(としまろ)については、「その識見は晋作に似ていて、どちらも頑質だが晋作は陽性で稔麿は陰性であり、両者とも人の指図をうけるようなぼんやりとした人物ではなく、高等の人物である。」

以上に挙げた四名は、松陰門下の四天王と呼ばれた面々である。松陰の人物評からは師として高見から評するのではなく、赤心をもって虚心坦懐に高低なく接する様が分かり、教師という教育者の立場にあって、実に的確に個々の特性や長短を把握している。師といっても、この時の松陰はまだ二十代後半であり、その慧眼は驚嘆に価する。

松陰は安政六年（１８５９）に三十歳で生涯を閉じるが、四天王の面々も全て明治維新を見ずして三十代、いや二十代で没している。病死といういわば寿命ともいえるのは高杉晋作のみで、他の三名は戦死である。元治元年（１８６４）六月の池田屋騒動で吉田稔麿が闘死、行年二十四歳。同年翌月に起きた禁門の変で、久坂玄瑞と入江杉蔵が共に戦死、二十五歳と二十八歳だった。師の松陰と同様に、若過ぎる死であった。別に松陰を真似た訳でもないとは思うが、その影響があった事は否めないと思う。

松陰とその門弟の中で若くして死んでいった人達について考えると、第三者的な立場で述べれば若死にかもしれないが、当人達にすれば自らの生命を賭すべき時と場所だったと主張する事は容易に忖度でき、その潔さともいえる精神に崇高さとか高邁さを感じる事ができ、このような資質があったればこそ、四天王に名を連ねられたともいえるかもしれない。

松下村塾の周りを散策し、室内に額縁された塾生達の肖像を見ながら、そのように尋思した事を思い出した。

松陰は、幕府大老の井伊直弼が主導した安政の大獄で囚われの身となり、江戸に送還され、三回に及ぶ尋問の中で、何ら口にする必要のない老中間部詮勝の暗殺計画を自ら話し死罪になってしまう。この時の松陰は、日本国がどうあるべきかという事が第一義で、それを害する者は、たとえ幕府要人であろうと自らが死地に赴こうと主張せずにはいられないという精神状態にあった。正に猛士と名乗るに相応しい。

安政六年十月二十七日午前十時（一説には正午）頃、次の辞世を残し刑死した。

身はたとひ　武蔵の野辺に　朽ちぬとも
留め置かまし　大和魂

松陰の遺体は、二日後に飯田正伯、尾寺新之丞、桂小五郎（後の木戸孝允）、伊藤利助（同伊藤博文）らが苦心の末ようやく引き取り、千住小塚原の回向院（えこういん）に丁重に葬った。

三年後の文久二年（１８６２）八月には、安政の大獄で罪人となった人達の名誉回復の勅書が出され、久坂玄瑞が回向院の墓に碑を建てたが、回向院は元々、刑死者を埋葬する所で、名誉を回復した松陰にはそぐわない事から、改葬されるに至った。文久三年（１８６３）正月、高杉晋作、伊藤利助、白井小助、赤根武人（たけひと）らの手で太夫山の毛利家抱屋敷、つまり現在の世田谷松陰神社に移葬された。この時点では、松陰を死罪にした側の井伊直弼もこの世の人ではなく、五、六百m西方の豪徳寺に埋葬されていた。高杉らは、この事を知らないはずはなく、一体どのような思いが去来したのであろうか。片や罪人として死んだ在野の一学者である松陰がないにしろ多少は溜飲を下げた様な心情になりえたのであろうか。

名誉を回復し、為政者たる直弼が暗殺され、その政策が否と判断された訳であるから、完全で壊された。

この後、先に触れた様に禁門の変に際して、毛利家抱屋敷は没収され、松陰の墓域共々破壊された。松陰の墓が復するのは、江戸時代が終焉をむかえ、維新回天が成った明治元年（１８６８）の事で、藩命により木戸孝允が中心となり松陰らの墓域を整備復旧した。明治十五年（１８８２）には、毛利家当主の元徳（もとのり）らが松陰神社の創建を計画し、同年十一月に落成する。因みに萩の松陰神社は明治四十年（１９０７）の創始だから、世田谷の方が二十五年ほど古いことになる。

降って明治四十一年（１９０８）には、五十年祭が盛大に行われ、毛利、吉川、小早川といった旧大名層から、伊藤博文、山縣有朋、桂太郎らの首相経験者、陸軍大将の乃木希典等といった錚々たる人達が石灯籠を多数寄進した。昭和十七年（１９４２）には、萩の松下村塾の実物大の模舎が建てられ、まさに松陰一色といった風で、それは今日でも維持継承されている。

現在の松陰神社にゆくと、入口前の参道には世田谷線松陰神社前駅を挟んで長々と商店街が連なっている。入口の大きな黒鳥居の頂には、背高い樹木が庇にでもなるかのように、青々と繁茂している。黒鳥居から本殿までの参道は長くはないが、きれいに掃き清められ、能舞台や松陰の座像に目が留まる。直進した正面に本殿、手前左側に社務所があり、社殿などの建物は真新しくも感じられる。しかしである。本殿右側に建つ松下村塾の実物大の模舎はそうはいかない。萩のものとはちがい、周囲どこからでも見学できる訳ではないが、一番広い八畳の部屋を正面にし、左側半面ぐらいの見学範囲だが、模舎として良くできており、萩の実物を想起させるのに十分である。

この模舎は、松陰を語る上で必要不可欠なものとして存在している訳だが、建物自体は前記した様に計十八畳半しかなく、物珍しい意匠の装飾の類いもない。にもかかわらず、模舎が後世に継承される理由については、人的なエネルギーというか、志とか高邁さ等といった学術的ではない精神性の崇高さの様なものを基層にしている。無論、松陰は自ら神となる事を欲した訳ではなく、目標にしていた訳でもない。さらに、名利や名声等の自己の栄達についても同様である。私は、この様な精神性は、言葉や文字で表現するには巨大過ぎる気宇壮大な面を持っていると思うし、表現という可視的な知見より、史蹟や遺物、風景等を通して感ずべき対象ではないかとも思う。

その松陰の墓は、模舎の所からは社務所の裏手にある。途中の参道には、五十年祭に寄進された石灯籠が右脇に連なっている。

墓域は一段高く低い石柱が廻らされ、松陰や頼三樹三郎、来原良蔵らの墓が横一列に並んでいる。因みに頼三樹三郎は前掲した岡本黄石と親交があった。傍らには、明治の世になって徳川家より謝罪の意を込めて寄進された石灯籠と水盤があり、大分風化し判別しづらいが徳川家家紋の葵紋が刻まれている。

松陰の刑死や禁門の変後の当地の荒廃を思い辿ると、同志や徳川家からの謝罪の寄進物に囲まれた今日の景観からは、荒々しい時代が終焉し、その時代を冷静に振り返れるという平安さというか安堵感にも似た感情に満たされる。墓を辞して帰路につく時に、改めて松陰の墓域に対する石鳥居に目をやると、正面前部に何やら文字が刻まれているのに気づいた。通常、鳥居の正面前部に刻字する事はなく後部にする事が多い、よってこの場合、珍しいといわねばならない。刻まれた文字に目を凝らすと、左右の石柱にそれぞれ「木戸大江孝允」、「大政一新之歳（たいせいいっしんのとし）」とあり、明治元年の維新達成の際に木戸孝允が建立した事が解るが、留意すべきは、刻まれた位置と「大政一新之歳」であろう。松陰と木戸は、知己ではあったが、師弟というより同志といった感じだった。同志の松陰の墓が時勢とはいえ、破壊され荒れるがまま放置されるについては、木戸としても切歯扼腕する思いだったろう。そもそも、鳥居が神社つまり神域にある事を考え併せれば、松陰の墓域に対して造られた石鳥居は、それまでの積年の鬱憤（うっぷん）を晴らすと共に、「大政一新之歳」つまり明治の世にあっては、松陰が神とも敬われるに値する人物だった証しとして建てられたと思うのである。この事は、明治十五年（１８８２）になって社殿が創建された事を想起するとなおさらと思える。

松陰は学識の人であったが、知識だけの人ではなかった。知識を言葉だけでなく実践し、皮膚感覚で認識しようと修養に努めた。つまり、実行が伴わない知識に価値を見出さなかった。松陰には、学者や教師、志士、思想家、革命家等の多面的要素があるが、殆どの面に共通するのが、知行合一（知識と行動が一致している事）という事で、国政や対人関係等の軽重を問わずによくみられた。この事は、簡単なようで非常に困難といわざるをえないが、日々の積重が松陰の人格を形成していったのである。

やや極論的な話になってしまったが、総じていえば、松陰は「知行合一」の面で特異な人物といえる。無論それは善という意味においてであるが、この特異さは時代の価値観によらず、常態的に善であるべき対象と思えるが、この特異さの一側面が時勢の価値観と相反し、悪と断じられる要素（松陰の場合、米国密航未遂が挙げられる）があり、現に江戸期の松陰がそうだった。この要素は、松陰に限らず幕末維新の際に奔走した全階級の多くの人達に当てはまる可能性がある。松陰の場合、「大政一新之歳」つまり、明治期になって悪と断じられる要素は消滅したが、翻って、井伊直弼の場合はどうであろうか。現在では、大変といっていい程に想像しづらいとは思うが、遠近を問わない未来に何かを契機にして、先の一側面的なもの（直弼の場合は、安政の大獄であろうか）が消滅若しくは薄弱化し、開国という政治的決断や松陰も称賛した彦根藩領での善政等の政治手腕、茶道の大家という文化人の側面等が、より注射され、現在の大勢としての人物評価が一変し、岡本黄石が抱き続けた「恨」が、消散する時が到来するかもしれないし、変わらないまま時を重ねるかもしれない。

歴史上の人物と各時代の価値観との適合と相反というのは、歴史的人物達の実像と乖離した人物像を生み出し、後世に喧伝される場合があるが、乖離した人物像を何とかして、より実像に回帰し大勢としての評価を変様させるというのは、多くの場合並大抵の事ではないと染々再認識しながら、嘗ては一面に田畑が広がっていたであろう、せたかいの住宅街を旧大山道を伝い旅を終えた。

終

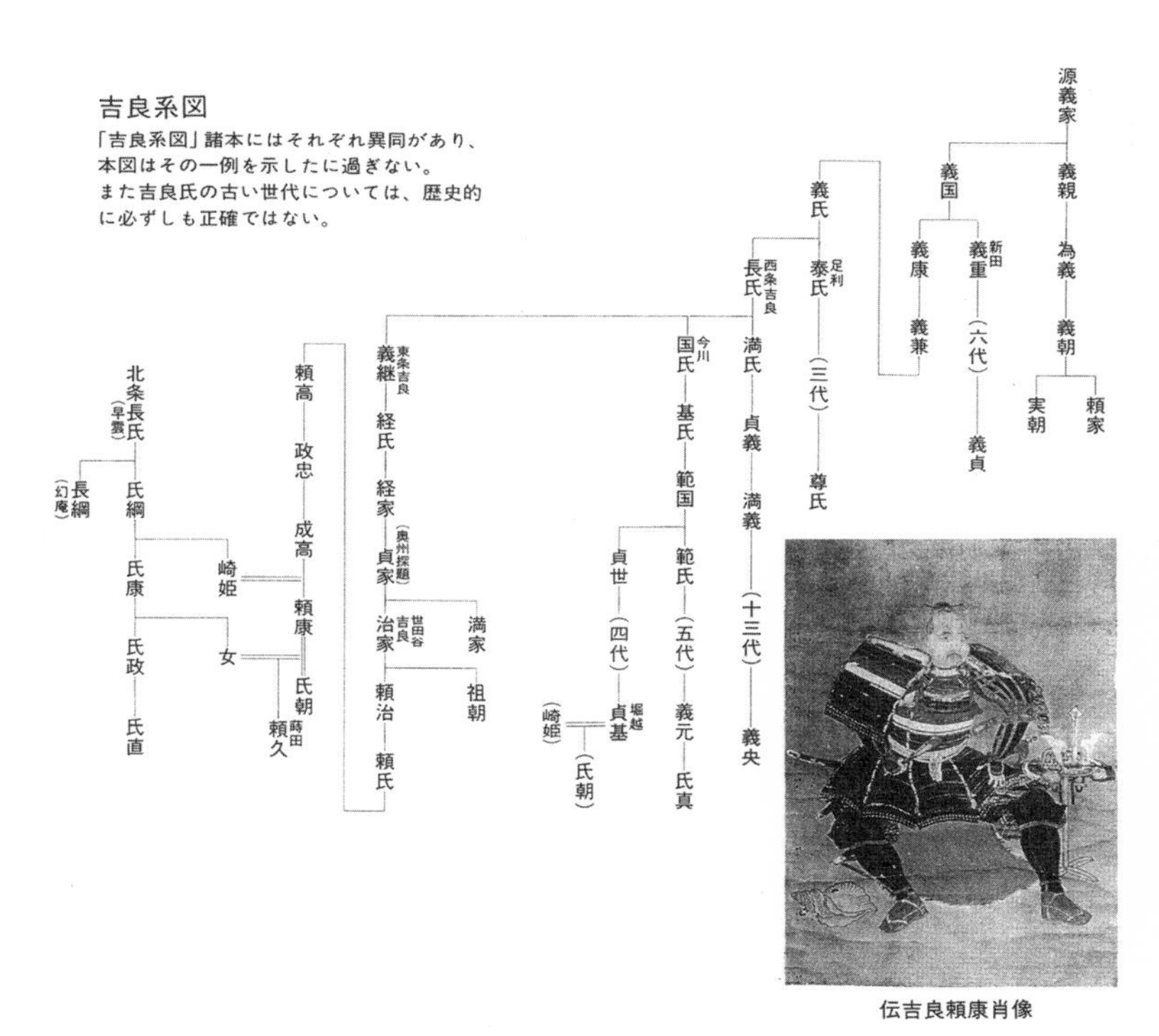

伝吉良頼康肖像

資料２　東条吉良氏（６～７章で参照）

世田谷区立郷土資料館「常設展示解説」より

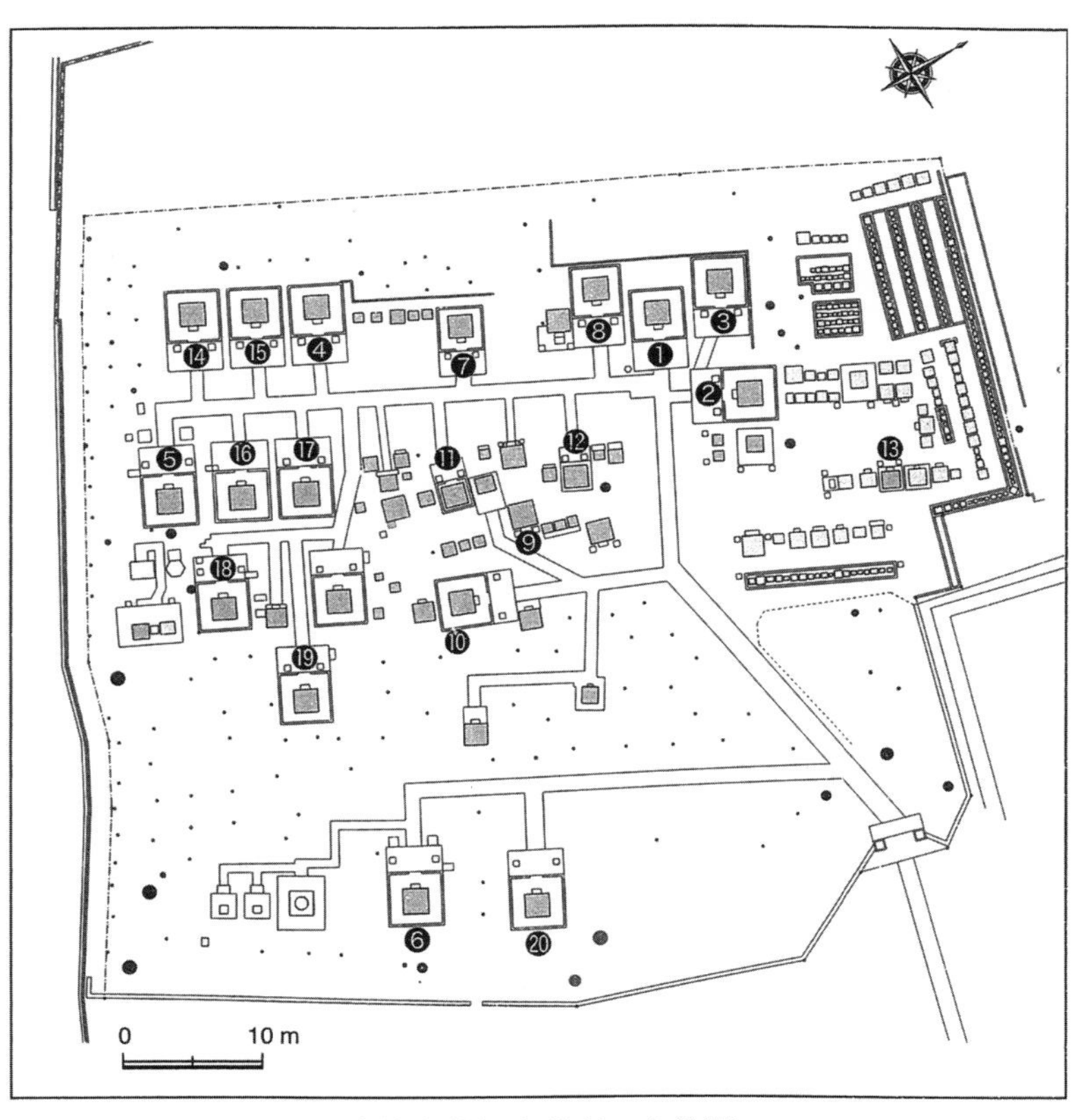

豪徳寺井伊家墓所　全体図

資料3-1　豪徳寺（12～14章で参照）

「国指定史跡　彦根藩主井伊家墓所　— 豪徳寺井伊家墓所 —」（図面提供・豪徳寺）　世田谷区教育委員会発行より

◆ 井伊家家族の墓石

番号	続　柄	院　号	出　自
⑪	5代直通　正室	本光院殿	転法輪三条家
⑫	7代直惟　正室	蓮光院殿	徳島藩主蜂須賀家
⑬	8代直定　世子	霊松院殿	直定2男　直賢
⑭	9代直禔　継室	清蓮院殿	姫路藩主酒井家
⑮	10代直幸　正室	梅暁院殿	与板藩主井伊家
⑯	11代直中　正室	親光院殿	盛岡藩主南部家
⑰	12代直亮　正室	龍華院殿	高松藩主松平家
⑱	13代直弼　正室	貞鏡院殿	亀山藩主松平家
⑲	14代直憲　正室	春照院殿	有栖川宮家
⑳	〃　継室	覚正院殿	蓮池藩主鍋島家

◆ 井伊家系図

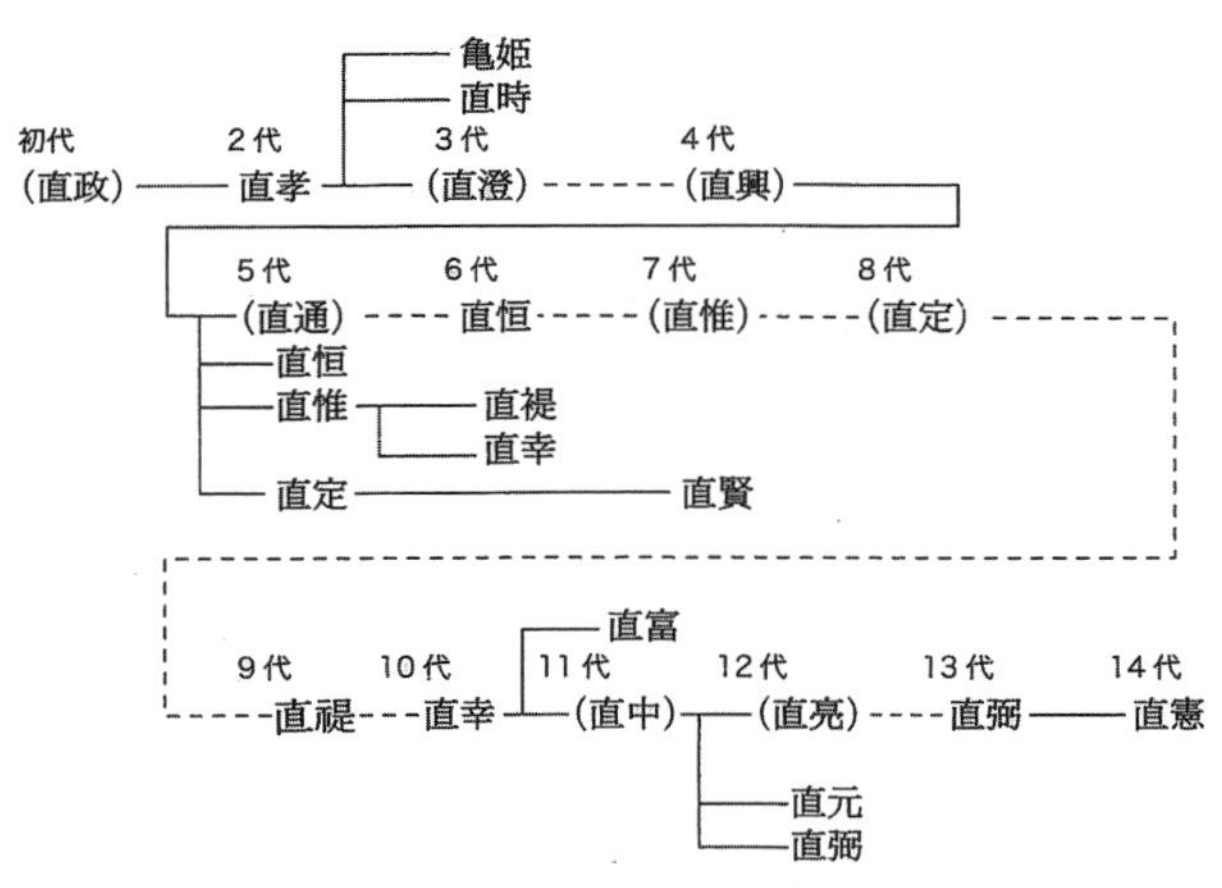

※系図のうち実線は実子、破線は養子を示す。
※(　)は豪徳寺に墓のないものを示す。

資料3-2　豪徳寺（12〜14章で参照）

「国指定史跡　彦根藩主井伊家墓所　―豪徳寺井伊家墓所―」世田谷区教育委員会発行より

主要参考文献

「せたがやの歴史」（1976）世田谷区役所
「世田谷の地名」上・下（1984・1983）三田義春編著　東京都世田谷区教育委員会編　東京都世田谷教育委員会
「せたがや　社寺と史跡」全3巻　東京都世田谷区教育委員会編　東京都世田谷区教育委員会
「世田谷区立郷土資料館　常設展示解説」（1987）世田谷区立郷土資料館編集
「世田谷の文学」（1969）世田谷区教育委員会
「世田谷区社寺史料　第二集　建築編」（1983）世田谷区教育委員会編集　世田谷区教育委員会
「豪徳寺―文化財綜合調査報告―」（1987）世田谷区立郷土資料館編集　世田谷区教育委員会
「勝光院―文化財綜合調査報告―」（1992）世田谷区立郷土資料館編集　世田谷区教育委員会
「浄真寺―文化財綜合調査報告―」（1986）世田谷区立郷土資料館編集　世田谷区教育委員会
「世田谷区歴史・文化財マップ」世田谷区教育委員会
「三百藩藩主人名事典」全4巻　藩主人名事典編纂委員会　新人物往来社
「戦国人名辞典」（2006）戦国人名辞典編集委員会　吉川弘文館
「戦国人名事典」（1987）阿部猛・西村圭子　新人物往来社

「日本の神々―神社と聖地―」全13巻　谷川健一　白水社
「日本交通史辞典」（２００３）丸山雍成・小風秀雅・中村尚史　吉川弘文館
「聖徳太子事典」（１９９１）黛弘道・武光誠　新人物往来社
「良源」（１９８７）平林盛得　吉川弘文館
「小田原藩―士農工商の生活史―」（１９８６）内田哲夫　有隣堂
「武州吉良氏名残常盤記」（１９９６）下山照夫　岩田書院
「北原白秋　近代の詩人　５」（１９９３）北原白秋著　中村真一郎編　潮出版社
「吉良氏の研究　関東武士研究叢書」第４巻（１９７５）荻野三七彦　名著出版
「北条早雲とその一族」（２００７）黒田基樹　新人物往来社
「世田谷ボロ市の歴史」（１９７６）世田谷区郷土資料館
「大場家歴代史」（１９８３）大場家歴代史編纂委員会　大場代官屋敷保存会
「国指定史跡・彦根藩主井伊家墓所―豪徳寺井伊家墓所―」世田谷区教育委員会
「漢詩人　岡本黄石の生涯」全３巻　世田谷区立郷土資料館編集　世田谷区立郷土資料館
「井伊直弼」（１９６３）吉田常吉　吉川弘文館
「吉田松陰の人間学的研究」（１９８８）下程勇吉　広池学園出版部
「吉田松陰のすべて」（１９８４）奈良本辰也編　新人物往来社
「一番詳しい吉田松陰と松下村塾のすべて」（２０１４）奈良本辰也編　ＫＡＤＯＫＡＷＡ

地図提供

株式会社　船津地図社

あとがき

東京都世田谷。私は、この地で生を受けた。幼年期ぐらいから青年期の頃までは、世田谷を離れたが、世田谷在住の親戚が少なくなく、世田谷に赴く事は珍しくなかった。少年期には、毎年の様に、祖母等と一緒に、ボロ市に出掛け、人混みにもまれながら、ボロ市を楽しんだ。中でも、祖母に引かれながら、上背のなかった私が、視線を上げて見た、高台の上からの「バナナの叩き売り」の光景は、買い物はスーパーが当たり前だった私に、口上の威勢の良さと物珍しさが相まった驚きで、写真を眺める具合に記憶に整理されていて、今でもボロ市に出向くと、時折、この事を思い出す。

暫く後に、世田谷が居住地となり、たまたまだが、以前より、旅歴を重ねる機会に恵まれた。嘗ては、北海道、東北、北陸、中部、関西、中国、四国、九州、沖縄の各地域で、一カ所を訪ねれば充足していたものだったが、書物を読み、現地に足を運び、旧所名跡や史的文物を実際に目にし、地元の方の話をうかがったりすると、新たな好奇心が湧き、これを何度も繰り返す都度、知見が増える程に、それまでの知識と結びついたり、理解が深まったり、新たな興味が増えたりと、愉しくて仕方がなかった。四十七都道府県の旅歴も、無論、数年はかかった（記憶は定かでない）が、それほど意識せずに、至る事が出来た。

そこで、世田谷である。右記の期間の初期から中程ぐらいの時期に、世田谷に関する歴史の書物を、手にする機会は確かにあった。

が、目に留まるのは、松陰神社と豪徳寺ぐらいというのが、正直な処であった。ところが、終盤に差し掛かるぐらいであろうか、知見に厚みが出て来たのか、同じ書物を手にすると、興味の持ち方が、以前と違い、疑問や確認、関係する歴訪地等の事柄が、頭をよぎり、大変、愉しかったのである。

つまり、以前の私は、世田谷の歴史、史跡を愉しむ知見の水準に達していなかったと、見る事も出来、私自身は、その様に考えていて、ある程度、世田谷の故事来歴を見聞し、多少なりとも〝味わえる〟程度に、知見が達した事が、嬉しく（当然ながら、私と異なる仕方で、興味を持たれる方もおられるだろう）、喜び余って、筆を執ったのが、本作品である。

それでも、著作にあたっては、仕事の休日を活用しつつ、随分と期間を要した。浅薄の身を自覚し、確かな史料を基層に置く事に努め、先人の方々の著作から、多大な学思に浴した。

一例として、現在から見れば、伝承説話とされる話柄が、以前は、信憑性が高いと思われていたが、学究の上進に伴い、認識が変様し、当代の様に、落ち着いて、扱われるようになった事等である。先達の方々の労作、力作、秀作には、深甚の謝意を表したい。

そして、著作につき各史料の転載を快諾して下さった、世田谷区教育委員会、世田谷区立郷土資料館、関係寺院、㈱船津地図社の方々にも、衷心からの感謝を申し上げたい。

今後、新史料の発見等により、より進展すれば、先の例の様な事もあるだろうし、その逆も、あるかもしれない。

丁度、本作の校正中に、記述内容の確認の為に、世田谷区立郷土資料館に向かった。一時期は、展示史料や書物の渉猟に、足繁く通ったからである。

ところが、見なれた入口の門は、閉ざされていた。傍らの案内には、令和四年（２０２２）四月から令和五年（２０２３）三月（予定）の間、改修工事に伴い休館中とあった。約一年間というのは、只事ではない。大規模と思うに、十分な期間である（確認事項は、別の所で行った）。改修期間が終われば、展示品や内容等も、リニューアルされる事もあるかもしれないと思ったりした。

本作の著者としては、読了して頂いた方々に、ご自身のご興味の中で、又は、好奇の範囲で、世田谷の古層（歴史）を、賞翫して頂く契機になればと、思う次第である。

世田谷の史跡の多くは、不変で物静かで、自己顕示（観光客の目を引く様な宣伝の類い）もなく、敷居も高くも低くもないと感じられる。

こうした旧所古跡を、〝味わって〟頂く一助にでもなれば、幸甚の至りである。

令和五年二月　寓居にて

著者

東野　雅道（ひがしの　まさみち）

1968年、東京都に生まれる。生来、歴史を好み、学業修了後、IT関連の仕事に従事する傍ら、歴史を学びながら、全国各地を歴訪し、現在に至る。

史伝　せたかい紀行

2023年5月21日　初版第1刷発行

著　者　東野雅道
発行者　中田典昭
発行所　東京図書出版
発行発売　株式会社 リフレ出版
〒112-0001　東京都文京区白山 5-4-1-2F
電話 (03)6772-7906　FAX 0120-41-8080
印　刷　株式会社 ブレイン

ISBN978-4-86641-625-0 C0095
Printed in Japan 2023